www.ingramcontent.com/pod-product-compliance
Lightning Source LLC
LaVergne TN
LVHW030215230826
846093LV00010B/477

* 9 7 8 6 1 4 0 1 1 2 9 9 5 *

سلسلة مذكرات طالب

1. مذكرات طالب.
2. قوانين الأخ الأكبر.
3. القشّة الأخيرة.
4. أيّام الكلاب.
5. الحقيقة المُرّة.
6. جنون المنزل.
7. العجلة الثالثة.
8. الحظّ العاثر.
9. الرحلة الشاقة.
10. أيّام زمان.
11. الخطة الفاشلة.
12. بقلمك أنت.
13. رحلة الأحلام.
14. الحرب الباردة.
15. كرة الدمار.
16. في القاع.
17. السلة الحاسمة.
18. الحيفاض الومتلئ.

مذكرات طالب

الحيفاض المومتلئ

بقلم جيف كيني

AMULET BOOKS

الدار العربية للعلوم ناشرون
Arab Scientific Publishers, Inc.

يتضمن هذا الكتاب ترجمة الأصل الإنكليزي
DIARY OF A WIMPY KID: DIPER ÖVERLÖDE
حقوق الترجمة العربية مرخّص بها قانونياً من الناشر
Wimpy Kid, Inc.
بمقتضى الاتفاق الخطي الموقّع بينه وبين الدار العربية للعلوم ناشرون، ش.م.ل.

First published in the English language in 2022
By Amulet Books, an imprint of Harry N. Abrams, Inc., New York
Original English title: Diary of a Wimpy Kid Big Shot

Book design by Jeff Kinney
Cover design by Jeff Kinney and Pamela Notarantonio and Lora Grisafi
«Can You Smell Us Now?»
Lyrics by Jeff Kinney, music by Jon Levine.

الطبعة الأولى
1444 هـ - 2022 م

ردمك 978-614-01-1299-5

إصدار
الدار العربية للعلوم ناشرون م م ح

التوزيع في المملكة العربية السعودية
دار إقــراء للنـشـر

مركز الأعمال، مدينة الشارقة للنشر
المنطقة الحرة، الشارقة
الإمارات العربية المتحدة
جوال: 585597200 971+ - داخلي: 0585597200
هاتف: 786233 - 785108 - 785107 (1-961+)
البريد الإلكتروني: asp@asp.com.lb
الموقع على شبكة الإنترنت: http://www.asp.com.lb

 facebook.com/ASPArabic  twitter.com/ASPArabic  www.aspbooks.com asparabic

إلى سكوت

ديسمبر

الإثنين

لطالما ظننت أنّني سأنعم بالسعادة لو كنت ثرياً ومشهوراً. غير أنّني بدأت أتساءل الآن عمّا إذا كانت الشهرة والثروة تستحقّان كلّ هذه الدّوشة.

أنا واثق من أنّ الشهرة أمر عظيم، لأنّه من الجميل حتماً أن تُعامَلوا كنجوم روك، وأن يسطع نجمكم، وتُسلّط عليكم الأضواء.

ولكن ليس من السهل أن يتعامل المرء مع الاهتمام الزائد. وأنا واثق من أنّ هذا النوع من الأمور يفقد بريقه بعد فترة من الزمن.

عندما تكونون من المشاهير، لا يمكنكم إيقاف تشغيل تلك الخاصّية متى يحلو لكم. ولن يكون من الممتع التعرّض طوال الوقت لمضايقات المُعجبين الراغبين في الحصول على التواقيع والتقاط صور السيلفي.

وحين تكونون معروفين، لا يمكنكم الاهتمام حتّى بشؤونكم الشخصية من دون أن يبلغ الخبر الجميع، وينشرونه على وسائل التواصل الاجتماعي.

فلدى تواجدكم في أماكن عامّة، لا بدّ لأحدهم أن يلتقط لكم صورة وأنتم لستم تماماً في أفضل حالاتكم.

علاوة على ذلك، يشعر الجميع أنّ لديهم الحقّ في معرفة كافّة التفاصيل المتعلّقة بعلاقاتكم الشخصية، وهذا ليس بالأمر الممتع أيضاً.

بالحديث عن العلاقات، عندما يكون المرء مشهوراً، فإنّه لا يعرف حقّاً بمن يمكنه الوثوق. ذلك لأنّ أقرب الأشخاص إليكم قد لا يتردّدون في نشر غسيلكم القذر إن كان السعر مناسباً.

غير أنّ الحصة الأكبر من المعاناة عادة ما تكون من نصيب الأطفال اللامعين سابقاً، لأنّهم بعد أن يكبروا ويغادروا دائرة الضوء، يتعيّن عليهم أن يتعلّموا كيفيّة العيش مثل أيّ إنسان عاديّ.

وأنا واثق من أنّه ليس من الممتع أن تكونوا من المشاهير السابقين.

يتعرّف الناس على الأطفال اللامعين سابقاً حتّى بعد أن يكبروا. وأنا أودّ أن أتمكّن من الاستمتاع بوجبة مع عائلتي في الأماكن العامّة من دون أن أتعرّض للمضايقات من قبل المعجبين في المستقبل.

لا تخطئوا فهمي. لا شكّ في أنّه من الجميل امتلاك قصور، وسيّارات باهظة الثمن، وجميع المزايا الأخرى التي تصاحب الشهرة. كلّ ما في الأمر أنّني لا أرغب في التعامل مع جانبها السلبي.

لهذا السبب، لا بدّ أنّه من الرائع تكوين صداقة مع شخص مشهور. فبذلك تحصلون على جميع حسنات الشهرة، من دون الاضطرار إلى تحمّل أيّ من سلبيّاتها.

على سبيل المثال، كثيراً ما يسافر المشاهير حول العالم، ويذهبون في إجازات فاخرة. وبإمكاني بالتأكيد أن أرى نفسي معتاداً على نمط حياة باذخ كهذا، لا سيّما إن لم أكن أنا مَن يدفع التكاليف.

بالإضافة إلى ذلك، إذا كان لديكم صديق أكثر ثراء منكم، فبمقدوركم دائماً الاعتماد عليه لدفع الحساب.

وإذا ما وقع خلاف بينكم وبين الصديق المشهور، فلن تكون تلك نهاية العالم. فثمة أشخاص على استعداد لدفع أموال طائلة مقابل الحصول على أخبار دسمة عن المشاهير.

المشكلة الوحيدة في خطّتي أنّني لا أملك صديقاً يمكن اعتباره مشروعاً لشخصية شهيرة. صحيح أنّني حاولت جاهداً تشجيع صديقي راولي ليبدأ بصنع اسم لنفسه، لكنّه لا يبدو مهتمّاً بالفكرة.

لذلك قررّت أنّ أفضل المشاهير الذين يمكن أن نصادقهم على الإطلاق هم أولئك الذين ينتمون إلى الأقارب. فكما تعلمون، ستكون هدايا الميلاد أجمل بكثير إن كان أحد أفراد الأسرة من الأثرياء.

في الواقع، لدى أخي الأكبر، رودريك، خطط كبيرة ليصبح موسيقياً مشهوراً.

لكنّني لا أعرف ما هي احتمالات تحقيق نجاح يُذكر عندما يكون اسم فرقته الموسيقية الحيفاض المومتلئ.

بصرف النظر عن اسم الفرقة، يواجه أعضاء الحيفاض المومتلئ بعض العقبات التي تقف في طريقهم. أوّلها، أنّهم ما زالوا يتمرّنون في قبو منزلنا، على الرغم من أنّ والديّ يتمنّيان على الأرجح لو يجدون لهم مكاناً آخر.

علاوة على ذلك، لم تقدّم فرقة الحيفاض المومتلئ عرضاً فعلياً منذ أكثر من عام. والعضو الوحيد في الفرقة الذي ليس طالباً في المدرسة الثانوية هو المغنّي الرئيس، بيل. غير أنّ بيل يبلغ من العمر خمسة وثلاثين عاماً، ويعيش في قبو جدّته.

على الرغم من كلّ ذلك، لا يزال رودريك يعتقد أنّ بإمكان الحيفاض المومتلئ بلوغ القمّة. وقد توصّل إلى خطّة لكيفية تحقيق ذلك.

تقام كلّ عام مسابقة تحت عنوان مباراة النجوم. ويعتقد رودريك أنّه إذا استعدّت لها فرقة الحيفاض المومتلئ بجدّ وبذلت ما في وسعها، فبإمكانها الفوز حتماً.

فازت فرقة رودريك المفضّلة، ميتاليشيواوا، في مباراة النجوم عندما كانت في بداياتها.

في الواقع، أنا لست من أشدّ المعجبين بهذا النوع من الموسيقى. والسبب الوحيد لسماعي باسم ميتاليشيواوا أنّ جدران غرفة رودريك مكسوّة بملصقاتهم.

يقول رودريك إنّ مباراة النجوم هي التي أطلقت مسيرة فرقة ميتاليشيواوا في هذا المجال، ليتصدرّوا بعد ذلك جميع أغلفة المجلّات.

لكنّ أعضاء فرقة ميتاليشيواوا انفصلوا قبل أن تتاح الفرصة لرودريك لمشاهدتهم وهم يعزفون. لذا، كلّ ما يعرفه عنهم مستمدّ من مقالات المجلّات ولقطات حفلة موسيقية قديمة. في المقابل، عندما كان بيل في العاشرة من عمره، اصطحبته جدّته لمشاهدة فرقة ميتاليشيواوا في جولتها الأخيرة. وهو دائم التباهي بذلك أمام رودريك.

في الواقع، لا يزال بيل يرتدي في بعض الأحيان القميص الذي حصل عليه في تلك الحفلة الموسيقية، على الرغم من أنّه لم يعد يليق به على الأرجح.

ليست لديّ أدنى فكرة عمّا إذا كان فوز الحيفاض الهومتلئ في هذه المسابقة احتمالاً وارداً أم لا.

ولكن إذا مضت فرقة رودريك قدُماً على طريق الشهرة والثروة، فأنا أنوي حتماً أن أكون الشخص الذي سيروي قصّتهم. لأنّه إذا كان عليّ أن أتحمّل تدريبات فرقة الحيفاض الهومتلئ، فلا ضير من تقاضي تعويض على ذلك.

الأربعاء

أخبر رودريك زملاءه في الفرقة أنّ أحد الأسباب التي جعلت الناس يأخذون ميتاليشيواوا على محمل الجدّ منذ البداية أنّهم كانوا يخرجون إلى الأماكن العامّة بمظهر موسيقيين مشهورين بالفعل.

وقال إنّ الخطوة الأولى لإقناع الناس أنّهم نجوم روك هي أن يرتدوا ملابس نجوم روك.

لذلك، في الليلة الماضية، ذهب الشباب إلى السوق لشراء بعض الملابس الرائجة. لكنّهم اكتشفوا أنّ الملابس العصرية باهظة الثمن حقاً، وأنّ ثمن الجينز الممزّق يبلغ ضعف ثمن الجينز الجديد. لذلك عادوا من دون شراء أيّ شيء.

عندما رجعوا إلى بيتنا، قاموا بتمزيق بناطيلهم. ولكن عندما وجدتها أمّي مكدّسة في غرفة رودريك، خاطت رقعاً على الثقوب. وأنا متأكد من أنّها قامت بكيّها أيضاً.

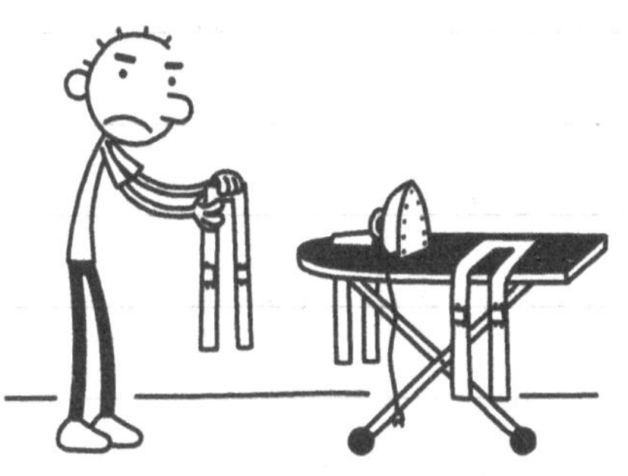

عندئذٍ، ذهب الشباب إلى سوق الملابس المستعملة، وعثروا هناك على ملابس رخيصة جدّاً. فنشّق بيل مجموعة من الملابس التي اعتقدَ أنّها ستجعله يبدو أنّه المغنّي الرئيس في فرقة روك.

لكن اتّضح أنّ نصف الملابس التي اشتراها بيل تبرّعت بها جدّته للمتجر. فما كان منها عندما رأته إلّا أن أجبرته على إعادتها.

ثمّ خطرت ببال ماكي فكرة. قال إنّهم يستطيعون شراء ملابس تنكّرية لنجوم روك، لأنّ متجر الملابس التنكّرية المجاور يُجري تصفيات بعد انتهاء موسم البربارة. فوافق الجميع على ذكاء تلك الخطّة.

لكنّ الأزياء لم تكن إطلاقاً مثل الصورة على الغلاف. كانت أقرب إلى مآزر بلاستيكية منها إلى ملابس جذّابة، وكانت الغيتارات صغيرة الحجم وقابلة للنفخ.

وإذا ما قرّر الشباب ارتداء تلك المآزر البلاستيكية في الأماكن العامّة، فإنّني آمل حقّاً أن يرتدي بيل بنطالاً قصيراً تحتها، ذلك لأنّ هذا النوع من المآزر لا يغطّي سوى الجهة الأمامية من الجسم.

الخميس

قال رودريك إنّ الفرق الجادّة تقوم بالتقاط صور احترافية لها ليتمكّن أعضاؤها من استخدامها على الملصقات وأغلفة الألبومات. ولكن اتّضح أنّ أجر المصوّرين المحترفين باهظ، لذلك قرّر رودريك البحث عن خيارات أخرى.

كان الخيار الذي استقرّ رأيه عليه في النهاية أن يطلب من أمّي التقاط الصور، لأنّها عرضت القيام بذلك مجاناً. لذلك أمضوا فترة ما بعد الظهيرة في جلسة تصوير في الفناء الخلفي لمنزلنا.

مع ذلك، كان من الصعب الحصول على لقطة لم يظهر في خلفيتها سياج أو أرجوحة.

هكذا قرّروا بعد فترة التخلّي عن أزيائهم، وحاولوا الاكتفاء باستخدام أشياء من حولهم. فانتهى بهم الأمر مع مجموعة من الصور التي لن تنفعهم بشيء على الأرجح.

قالت أمّي إنّ الشباب بدوا جادّين للغاية في جميع الصور، في حين أنّه يفترض بالموسيقى أن تكون مسلّية.

لذا طلبت منهم أن يُفرفِشوا قليلاً. غير أنّني لا أعتقد أنّ الشباب سيحبّون الطريقة التي ظهروا بها في تلك الصور أيضاً.

في النهاية، أصبح الجوّ بارداً، فدخل الشباب البيت. وكان لدى أمّي مشاغل أخرى لتهتمّ بها، فتمّ تكليفي بمهمّة التصوير.

أراد رودريك التقاط بعض الصور التي من شأنها أن تُطلع الناس على جوهر فرقة الحيفاض الوومتلئ، وهكذا انتهى بنا المطاف في الحمّام.

غير أنّ درو وماكي أخذا يعبثان في المكان، واستمرّا على هذا النحو إلى أن علق المكبس الغطّاس بظهر ماكي في النهاية. وكان الشباب على وشك الذهاب إلى غرفة الطوارئ لو لم يتذكّر رودريك أنّ أحد جيراننا يعمل سبّاكاً.

بعد ذلك، شاهد الشباب جميع الصور التي تمّ التقاطها، ولم يعتقدوا أنّهم بدوا فيها محترفين بما فيه الكفاية.

أخيراً، تذكّر ماكي أنّه ثمّة استوديو تصوير في المركز التجاري يمكنه على الأرجح القيام بهذا النوع من الخدمات لقاء أجر زهيد جدّاً. أحبّ الجميع تلك الفكرة، لذلك استقلّوا فان رودريك وتوجّهوا إلى المركز التجاري.

ولكن ما غاب عن ذهن ماكي أنّ محلّ التصوير ذاك كان استوديو لتصوير الأطفال.

مع ذلك، أعتقد أنّ الاستوديو ليس انتقائياً بشأن الصور التي يتمّ التقاطها هناك، وسرعان ما أجلسوا الشباب أمام الكاميرا.

استغرق الأمر منهم بعض الوقت حتّى يعتادوا على المصوّرة، ولكن يبدو أنّ تلك السيّدة كانت بارعة حقّاً في جعل الناس يرتاحون إليها.

دامت الجلسة لساعة من الوقت، والتقطَت المصوّرة طنّاً من الصور. إلّا أنّني لا أرى أيّاً منها يشقّ طريقه إلى ملصقات الحيفاض الومتلئ.

مع ذلك، كان الشباب متمسّكين بصورهم على ما يبدو. غير أنّهم وجدوا الروزنامة أرخص ثمناً من شراء صور فردية، لذا، وقع اختيارهم على تلك الحزمة. وبما أنّ أمي تستخدمها منذ الآن كروزنامة العائلة، أعتقد أنّ أمامنا اثني عشر شهراً حافلة بصور الحيفاض الموملئ.

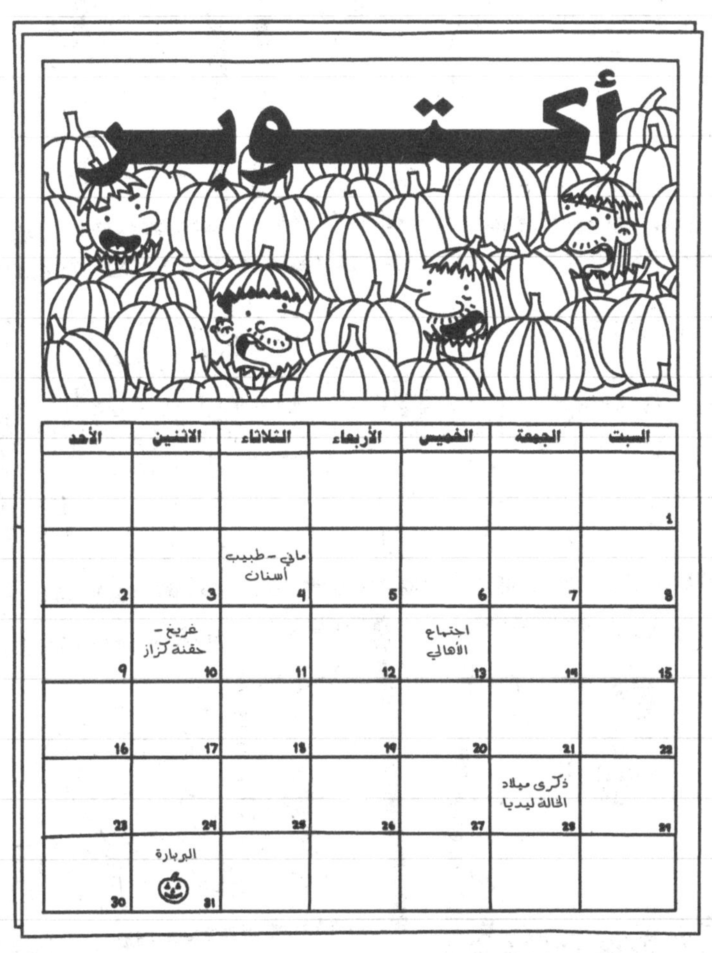

الأحد

يعتقد رودريك أنّ الطريقة الوحيدة لكي تفوز فرقة الحيفاض الومتلئ في مباراة النجوم تتمثّل في تنظيم مجموعة من العروض، ومواصلة تحسين الأداء. لكن في الوقت الحالي، ليست لديهم فكرة واضحة عن كيفيّة تحقيق ذلك.

قبل بضعة أسابيع، صدم أحدهم شاحنة رودريك من الخلف، ولم يعد من الممكن فتح الأبواب الخلفية. هذا يعني أنّه بات من المستحيل عملياً تحميل جميع معدّات الفرقة في الشاحنة.

فكّر رودريك في استبدال الأبواب المعطّلة بأخرى جديدة، لكنّه اكتشف أنّ تغيير الأبواب سيكلّف أكثر من القيمة الفعليّة للشاحنة.

لكن بعد ذلك، رأى الشباب إعلاناً عن مسابقة أطلق عليها وكيل سيّارات محلّي اسم «ضع يدك على شاحنة». نصّت شروط المسابقة على أنّ الشخص الذي يتمكّن من إبقاء يد واحدة على الأقلّ على الشاحنة الجديدة لأطول فترة ممكنة يفوز بها. فوجدوا في ذلك الحلّ المثالي لمشاكلهم مع التنقّلات.

تناقش رودريك والشباب الآخرون مطوّلاً في محاولة لاختيار الشخص الذي سيشارك في المسابقة للفوز بتلك الشاحنة. فأشار عليهم ماكي بالمشاركة جميعاً في تلك المسابقة، وبذلك تكون فرصهم في الفوز بها أعلى بأربعة أضعاف.

بدأت المسابقة ليلة الجمعة. وأعتقد أنّ الشباب كانوا يخطّطون لاستمرارها لبضع ساعات، وعندما تنتهي، سيغادرون موقع المسابقة بشاحنتهم الجديدة. لكن لم يكن هذا ما حدث بالضبط.

فعندما وصلوا إلى الوكالة، وجدوا أمامهم حشداً كبيراً. وعلى الرغم من أنّ المسابقة لم تكن قد بدأت رسمياً بعد، إلّا أنّ المشتركين كانوا متمركزين في مواقعهم أساساً.

كان الشرط، عندما بدأت المسابقة، أنّه في حال رفع أحد المتسابقين يده عن الشاحنة ولو لثانية واحدة، فإنّه يصبح خارج المنافسة.

هذا يعني أنّه ما من استراحات للذهاب إلى الحمّام. وبعد ثلاثين دقيقة من بدء المسابقة، تمنّى درو حقّاً لو أنّه لم يفرغ في جوفه ليترين من المياه الغازية أثناء الرحلة.

كان درو أوّل المنسحبين، ولكن مرّ وقت طويل من دون أن يغادر أيّ شخص آخر. وبعد مرور ثلاث ساعات على انطلاق المسابقة، كان الجميع لا يزالون صامدين.

قام كثير من المتسابقين بتعبئة برّادات صغيرة بالطعام، لأنّهم كانوا يعرفون بلا شكّ أنّ ليلة طويلة تنتظرهم.

أمّا رودريك وبقيّة الشباب فلم يستعدّوا لها بهذا القدر. لذلك اتّصل رودريك بأمّي، وطلب منها أن تحضر لهم الشطائر.

كانت أمّي مشغولة جدّاً ولم تتمكّن من القيادة إلى الوكالة، لذلك أرسلتني على درّاجتي. وعندما وصلت إلى هناك، أعطيت الشباب طعامهم.

كان بيل شديد القلق من أن ينزع يده عن طريق الخطأ عن الشاحنة، لذلك أبقى كلتا يديه على سطحها. وبالنتيجة، توجّب عليّ إطعامه بنفسي، وكان ذلك محرجاً نوعاً ما.

بقيت في الجوار لبعض الوقت، ولكن سرعان ما أصابني الملل من مشاهدة أناس يقفون من دون أن يفعلوا شيئاً، لذلك عدت إلى المنزل. لكن في الصباح، لم أجد شاحنة رودريك في المرآب، وهذا يعني أنّه لا يزال في وكالة السيّارات.

أرسلتني أمّي إلى هناك مجدّداً مع الكعك وعصير البرتقال. وعلى الرغم من أنّ كثيراً من المتسابقين انسحبوا خلال الليل، إلّا أنّ حفنة منهم لا يزالون هناك. وبدا أنّ بعضهم يوشك على الاستسلام.

بدأ عدد قليل من المتسابقين بممارسة الألعاب الذهنية للتخلّص من بعضهم البعض. فراحت إحدى السيّدات تغنّي بصوت عالٍ وخارج عن اللحن، بينما فتح عجوز علبة فاحت برائحة تشبه رائحة التونة منتهية الصلاحية.

وبدأ شخص آخر بقراءة دليل الهاتف من بدايته لإزعاج الجميع.

أعتقد أنّ هذا كان زائداً بالنسبة إلى ماكي، لأنّه فقد أعصابه حتّى قبل أن ينتهي الرجل من حرف الباء.

من الواضح تماماً أنّ قلة النوم أرخت بثقلها على الجميع. فقد تمّ إخراج سيّدة بسبب محاولتها مداعبة كلب لا وجود له في الأساس.

بعد مرور بضع ساعات، لم يتبقَّ سوى عدد قليل من الناس. كان بيل ورودريك على وشك الانهيار في أيّ لحظة، لا سيّما وأنّهما وقفا خلف سيّدة بدت أنّها قادرة بكلّ سهولة على الصمود ليومين آخرين. لذا، أعتقد أنّ الشابّين كانا يفكران جدّياً في الاستسلام في تلك المرحلة.

غير أنّ السيّدة كانت تشاهد برنامج ألعاب على تلفازها. وعندما أتت إجابتها صحيحة على أحد الأسئلة، فقدت تركيزها لفترة كافية لإخراجها من المسابقة.

ظننت أنّ المسابقة انتهت أخيراً، لكنّني كنت مخطئاً. فقد دخل بيل ورودريك في جدال حول من منهما يجب أن يفوز بالشاحنة.

قال رودريك إنّه هو من يجب أن يفوز، لأنّ جميع معدّات الفرقة كانت في بيته. في المقابل، رأى بيل أنّه هو الذي يستحقّ الفوز، لأنّه لم يسبق له أن امتلك سيّارة من قبل.

وكان هذان الشابان أكثر عناداً ممّا ظننت، لأنّ أيّاً منهما لم يتزحزح من مكانه لمدّة ساعتين كاملتين.

قرابة الساعة العاشرة من تلك الليلة، توصّل رودريك إلى حلّ وسط. قال إنّ بإمكانهما أن يتشاركا الشاحنة، وحين لا تكون الفرقة بحاجة إليها من أجل أحد العروض، يمكن لبيل أن يستخدمها.

أعلن بيل موافقته على ذلك الحلّ، فرفع الاثنان يديهما عن الشاحنة في الوقت نفسه وتصافحا لختم الاتّفاق.

لكن كان يجدر بهما على الأرجح التحقّق من عدم وجود أحد على الجانب الآخر من الشاحنة قبل تركها، لأنّني متأكّد من أنّ الرجل الذي فاز في النهاية كان على بعد دقائق قليلة من الاستسلام.

تويييت!

الثلاثاء

بعد مسابقة ضع يدك على شاحنة، أدرك رودريك وزملاؤه أنّهم لن يقدّموا عروضاً موسيقية في وقت قريب. لذلك، صبّوا جهودهم على إيجاد طرق أخرى لإيصال موسيقاهم إلى العالم.

ارتأوا أخيراً أن تقتصر أنشطتهم في الوقت الحالي على نشر بعض الأشياء على وسائل التواصل الاجتماعي وبناء متابعين بهذه الطريقة. لذلك أنشأوا حساباً، وبدأوا بنشر مقاطع لهم وهم يعزفون الموسيقى في قبو منزلنا.

لم تحصد تلك المشاركات الأولى كثيراً من المشاهدات. فقرّروا تغيير التكتيك من خلال التصوير في أماكن أكثر إثارة للاهتمام. غير أنّ مقاطع الفيديو تلك لم تحلّق أيضاً.

وفي أحد الأيّام، أسقط بيل مكبّراً للصوت على قدمه، وكان ماكي يصوّر عندما وقع الحادث.

فنشروا هذا الفيديو على سبيل المزاح، وكان أن حقّق أعلى نسبة من المشاهدات حتّى الآن.

عندئذٍ، راحوا ينشرون مزيداً من المقاطع من هذا القبيل، وبدأت قناتهم بالانطلاق حقّاً.

بعد بضع رحلات إلى غرفة الطوارئ، أدرك الشباب أنّ الأمور قد خرجت عن السيطرة. وعلى الرغم من أنّهم حصدوا كثيراً من "الإعجابات»، إلّا أنّ موسيقاهم لم تنتشر بعد، وكان هذا بيت القصيد من البداية.

هكذا، عاد الشباب ينشرون مقاطع لهم وهم يعزفون الموسيقى، فخسروا كثيراً من المتابعين. وبعد فترة، تخلّوا حتّى عن ذلك بسبب الكمّ الهائل من التعليقات السلبية.

الأربعاء

قرّر روديك أنّ على الفرقة التخلّي عن فكرة تصوير المقاطع لوسائل التواصل الاجتماعي، والتركيز على إنشاء تسجيلات فيديو موسيقية حقيقية بدلاً من ذلك.

لذلك أخذوا يشاهدون جميع تسجيلات الفيديو المبكرة لميتاليشيواوا، وارتأوا أنّ أفضلها كان لأغنية «كلاب جائعة»، التي صوّروها في مأوى للكلاب مع كلاب شيواوا حقيقيّة.

يرجع سبب شهرة الفيديو إلى أنّ أحداً لم يقم بإطعام الكلاب قبل بدء التصوير. وبمجرّد فتح الأقفاص، انقضّت الكلاب على عازف الغيتار الرئيس، الذي كان يتناول شطيرة لحم مقدّد بالجبن.

تحدّث رودريك والشباب مطوّلاً عمّا يمكنهم فعله في الفيديو الموسيقي الذي سيصوّرونه للتفوّق على ميتاليشيواوا.

أتى درو بفكرة تصوير مقطع فيديو في المجارير، لكنّهم لم يعرفوا كيف سيُدخلون طبول رودريك عبر الفتحة. فاقترح عليهم ماكي تصوير أغنيتهم "بيت القردة» في قفص قردة حقيقيّة في حديقة الحيوانات، إلّا أنّهم خافوا قليلاً من أن تسيء القردة السلوك.

ثمّ أشار بيل عليهم تصوير مقطع فيديو يهبطون فيه بالمظلّات من الطائرة. فأُعجب رودريك بهذه الفكرة كثيراً وقال إنّها ستستحوذ على اهتمام الناس.

لكن يبدو أنّ ماكي يعاني من رهاب المرتفعات، لذلك أتى رفضه قاطعاً.

هنا، قال درو إنّه بإمكانهم ربّما فعل ما فعله فريق ميتاليشيواوا في فيديو «كلاب جائعة»، ولكن مع الأطفال.

ويبدو أنّ هذه الفكرة أعجبت الجميع، لأنّهم لم يتذكّروا أنّ أحداً قد نفّذ شيئاً كهذا من قبل.

لكن اتّضح أنّه من غير المسموح استعارة حفنة من الأطفال لبضع ساعات، أو على الأقلّ، هذا ليس مسموحاً في الولاية التي نعيش فيها.

أدرك الشباب أنّهم كانوا يستعجلون الأمور قليلاً على أيّ حال، لأنّ عليهم تسجيل أغنية قبل أن يبدأوا في التفكير في تصوير فيديو موسيقي يتماشى معها.

كانت فرقة الحيفاض الموملئ قد سجّلت بعض الأغاني من قبل، لكنّها لم تستخدم قطّ معدّات احترافية في أثناء ذلك.

ففي العام الماضي، قاموا بتسجيل مجموعة من الأغاني على آلة تسجيل لماني هي عبارة عن لعبة، لكن لا أعتقد أنّ هذه الأشياء تمتاز بجودة تشغيل عالية.

كما أنّ أمي محت كلّ تلك التسجيلات بعد أن تلقّت مكالمة من معلمة ماني في مدرسة الحضانة.

قال رودريك إنّ الوقت قد حان لفعل الأمور بالطريقة الصحيحة وتسجيل موسيقاهم في استوديو حقيقي. ولكنّ هذه الأنواع من الأماكن تكلّف كثيراً من المال، شأنها شأن أيّ شيء آخر.

لذلك سأل بيل جدّته عمّا إذا كان بإمكانه أن يتأخّر بضعة أشهر في دفع الإيجار، وهذا ما منح الشباب ما يكفي من المال لتسديد تكاليف بعض الوقت في استوديو تسجيل. وعلى الرغم من أنّهم كانوا بحاجة إلى عددٍ كافٍ من الأغاني لإنتاج ألبوم كامل.

بحسب رودريك، عندما كانت فرقة ميتاليشيواوا في أوجها، اعتادت على نشر ألبوماتها في الأسواق مع أعمال فنّية رائعة على أغلفة الأسطوانات. وقد علّق بعضاً من أفضل ألبوماتهم على الجدار فوق سريره.

وأضاف أنّ الناس هذه الأيّام لا يقدّرون فنّ الألبومات، لأنّهم يكتفون بتنزيل الأغاني على هواتفهم.

وكانت خطّته تقضي بإطلاق أوّل ألبومات الحيفاض الهومتلئ على شكل أسطوانة فونوغراف من الڤينيل، ليكون العمل الفنّي كبيراً حقّاً.

قصد رودريك وزملاؤه في الفرقة استوديو تسجيل في وسط البلدة اليوم، فقرّرتُ مرافقتهم.

كان الاستوديو عبارة عن غرفتين، إحداهما ملأها المهندس بمجموعة من أجهزة الكمبيوتر، والأخرى وضع فيها كثيراً من الآلات الموسيقية ومكبّرات الصوت.

أعتقد أنّ الشباب لم يتمكّنوا من تمالك أنفسهم عندما رأوا أمامهم كلّ تلك الآلات، لأنّهم سارعوا إلى تجربة العزف على كلّ منها.

أخيراً، أعلن رودريك أنّ وقت العمل قد حان. فظننت أنّهم ينوون البدء بتسجيل الأغاني على الفور، ولكن تبيّن أنّهم لم يقرّروا بعد ماذا سيتضمّن الألبوم. وبرأيي، كان يجدر بهم بكلّ تأكيد أن يتّخذوا قرارهم في هذا الشأن قبل الوصول إلى الاستوديو.

تبيّن أنّ لدى الحيفاض الوممتلئ أكثر من خمسين أغنية. هكذا أمضى أعضاء الفرقة وقتاً طويلاً في غربلتها لاختيار الأغنيات العشر التي يرغبون في تسجيلها.

وليست لديّ أدنى فكرة عمّا جعلهم يفضّلون بعض الأغاني على غيرها، لأنّني شعرت، من العناوين، أنّها تدور جميعاً حول الموضوع نفسه.

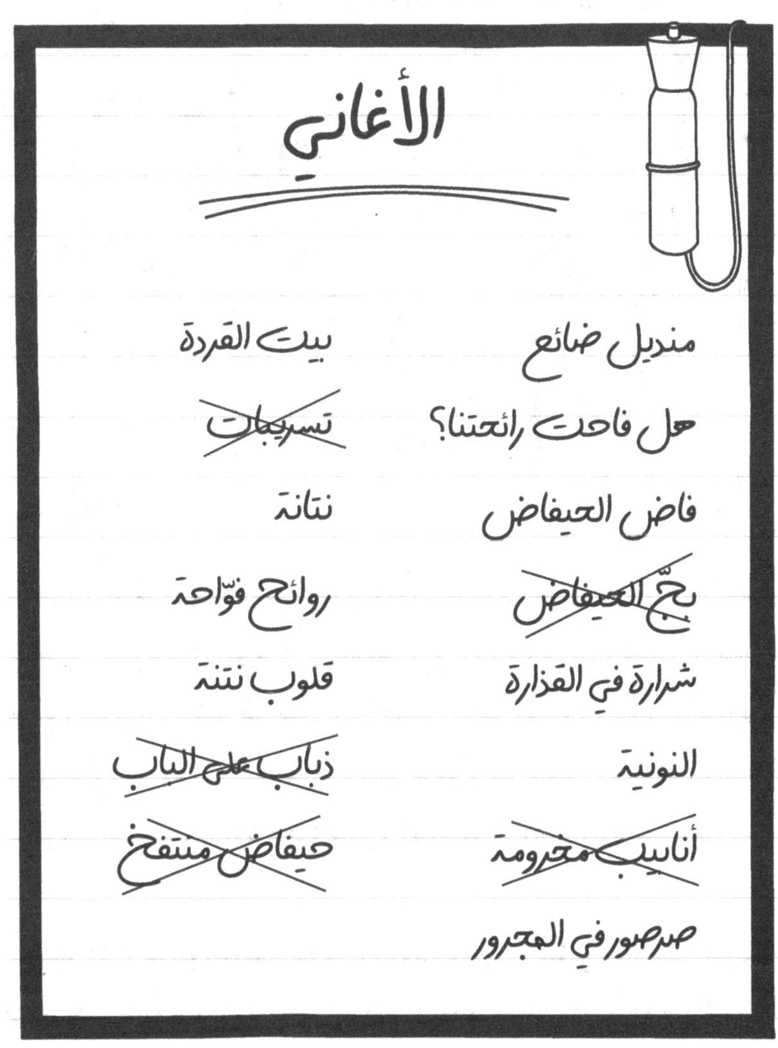

رأى رودريك أنّه من الضروري وجود أغنية واحدة على الأقلّ تتضمّن كلمات بذيئة. فبهذه الطريقة، سيحصلون على ملصق تحذيري للأهل على الألبوم. وقال إنّه في حال عدم وجود واحد من تلك الملصقات، فلن يُقبِل المراهقون على شرائه.

بيد أنّ ماكي اعترض على تضمين الأغاني أيّ كلمات بذيئة، لأنّه أراد تسجيل ألبوم يمكن لوالدته الاستمتاع به. فاحتجّ رودريك قائلاً إنّهم إن كانوا يؤلّفون الموسيقى لوالدة ماكي، فلا داعي لتكبّد كلّ هذا العناء.

وما لبث الجدال أن احتدم بين الاثنين، واستغرق الأمر وقتاً طويلاً حتّى بردت أعصابهما بعد فضّ العراك.

بمجرّد أن أصبح الوضع تحت السيطرة مجدّداً، ناقش الشباب الأغنية التي يجب تسجيلها أوّلاً. وقع اختيار بيل على أغنية «هل فاحت رائحتنا؟» لأنّه يحبّ الجملة التي يقولون فيها «من مكبرات الصوت نسيل، مثل بقرة شوكولاته».

غير أنّ درو وجد هذا البيت الشعريّ غير منطقي، لأنّه لا وجود لبقرة من الشوكولاته. فانقضّ بيل على درو، واضطرّ البقيّة إلى فضّ عراك آخر.

قـرّر رودريـك أن تـكـون الأغـنـيـة الأولـى «فاض الحيفاض»، وهي أوّل أغنية كتبها على الإطلاق. وأعتقد أنّ بقيّة الشباب سئموا من الجدال لأنّهم وافقوا على الفور.

لكن لم يمضِ وقت طويـل حتّى ظهرت مشكلة جديـدة. فبينما كان درو وبيل يتجادلان حول كلمات الأغاني، أسقط ماكي عن طريق الخطأ ريشته في الفتحة في وسط الغيتار.

فتناوب الشباب على محاولة إخراج الريشة من الثقب. ولا يمكنني حتّى إخباركم كم من الوقت استغرق ذلك.

في النهاية، تمكّن درو من تحرير الريشة من الداخل عبر هزّ الغيتار، لكنّها سقطت مباشرة في حلق بيل.

وكان الأمر مخيفاً نوعاً ما لبضع لحظات .

لحسن الحظ، كان ماكي يجيد مناورة لإخراج الريشة من حلق بيل . ولا يسعني سوى التعبير عن سروري لوجود نافذة بين حجرة المهندس والغرفة التي كانت فيها الفرقة .

كان بيل مخضوضاً، وقال إنّه يحتاج إلى بعض الوقت للتعافي. غير أنّ رودريك قال إنّهم مضطرّون حقّاً لمتبعة العمل إذا ما أرادوا تسجيل ألبوم كامل.

لذا حمل الجميع آلاتهم وجلسوا في أماكنهم، ثمّ ضغط المهندس على زرّ التسجيل. عزف رودريك على الطبول خلال مقدّمة أغنية «فاض الحيفاض»، تلاه ماكي ودرو على غيتاريهما.

إلاّ أنّ بيل لم يتمكّن من غناء بيتين أو ثلاثة قبل أن يضطرّ للتوقّف. فمن الواضح أنّ ريشة الغيتار تلك فعلت فعلها في حلقه.

أحضر أحدهم زجاجة ماء لبيل، وبعد بضع دقائق، أصبح على ما يرام. وفي المرّة الثانية، تمكّنوا من إنهاء الأغنية من دون أن يختنق بيل.

الآن، بات رودريك وزملاؤه يشعرون بثقة كبيرة، وأصبحوا مستعدّين للخوض في بقية أغانيهم. إلاّ أنّ المهندس اعتذر منهم قائلاً إنّه سيتعيّن عليهم العودة والقيام بذلك في يوم آخر لأنّ الوقت المخصّص لهم قد انتهى.

لذا، أعتقد أنّهم إذا كانوا مصمّمين على إنهاء ألبومهم، فسيضطرّ بيل لأن يطلب من جدّته السماح له بالتأخّر بضعة أشهر أخرى في دفع الإيجار.

السبت

شعر الشباب بالاستياء الشديد لأنّهم أضاعوا كثيراً من الوقت في الاستوديو في ذلك اليوم، لكنّهم كانوا سعداء بإنجاز تلك الأغنية على الأقلّ. فهذا يعني أنّه بات بإمكانهم تصوير فيديو موسيقي، وكان هذا هدفهم في الأساس.

صحيح أنّهم لا يملكون المال لتصوير شريط الفيديو الذي يحلمون به، ولكن كانت لديهم هدية لم تستخدمها أخت ماكي الصغرى مطلقاً.

لكن اتّضح أنّ استوديو النجوم لا ينتج مقاطع فيديو للأغاني الأصلية.

كانت لديهم قائمة من الأغاني للاختيار من بينها. ولا أعتقد أنّ الشباب تحمّسوا حقّاً للأغنيات التي تتضمّنها تلك المجموعة.

أراد بيل تصوير الأغنية التي تدور حول القيل والقال، في حين وقع اختيار رودريك على أغنية عن التأخّر عن المدرسة، لأنّها بدت الأقرب إلى فرقة روك أند رول. فاعترض ماكي قائلاً إنّه هو من يجب أن يتّخذ القرار لأنّ تلك الشهادة كانت هدية لأخته.

ومع أنّني أشكّ في أنّهم سيعرضون مقطع الفيديو الذي قاموا بتصويره على أيّ إنسان، إلّا أنّهم استمتعوا كثيراً بتلك التجربة على ما يبدو.

الأربعاء

أصيب الشباب بخيبة أمل لأنّهم لم يتمكّنوا من تصوير فيديو موسيقي على قدر أحلامهم. لكن مع ذلك، كانت لديهم أغنية، وكان هذا كافياً في الوقت الحالي.

خطر ببالهم أنّهم إذا تمكّنوا من إقناع إحدى محطّات الراديو ببثّ أغنية «فاض الحيفاض»، فسيكون ذلك أفضل من نشر فيديو موسيقي عبر الإنترنت.

هكذا، أخذوا أغنيتهم إلى عدد من الإذاعات المحلّية. غير أنّ القيّمين على معظم المحطّات التي زاروها قالوا إنّ الأغنية «لا تصلح» لمستمعيهم.

ولو أنّهم بذلوا جهداً أكبر في إجراء بحث حول بعض المحطّات التي زاروها، لوفّروا على أنفسهم كثيراً من الوقت الذي أنفقوه في القيادة.

قال رودريك إنّ المشكلة لا تكمن في كون أغنيتهم هابطة، بل لأنّ الأشخاص الذين يختارون ما سيُنشر على الراديو لديهم ذوق رهيب في الموسيقى.

لذلك قرّر أنّهم إذا أرادوا نشر أغانيهم حقّاً، فما عليهم سوى أن يتحلّوا بالإبداع.

قال رودريك، كثيرة هي الأماكن التي تبثّ الموسيقى، غير المحطّات الإذاعية. فما كان منهم إلّا أن وضعوا قائمة بكلّ الأماكن العامّة التي سمعوا فيها الموسيقى.

محطّة وقود

ملعب رياضي

سوبر ماركت

مركز تجاري

مصعد

مطعم للوجبات السريعة

متجر للإلكترونيات

عيادة طبيب الأسنان

أمضى الشباب بضعة أيّام يعملون على هواتفهم، في محاولة لتعقّب الأشخاص الذين يتّخذون هذا النوع من القرارات. وعندما وصلوا إلى عدد من الطرق المسدودة، راحوا يتجوّلون في أنحاء المدينة لمحاولة العثور على أناس مناسبين للتحدّث إليهم.

غير أنّ هذه الخطّة لم تُجدِ نفعاً أيضاً.

عندئذٍ، بدأوا بالتحدّث إلى أشخاص يعرفونهم بالفعل. لكن ما من أحد كان على استعداد لبثّ أغنيتهم.

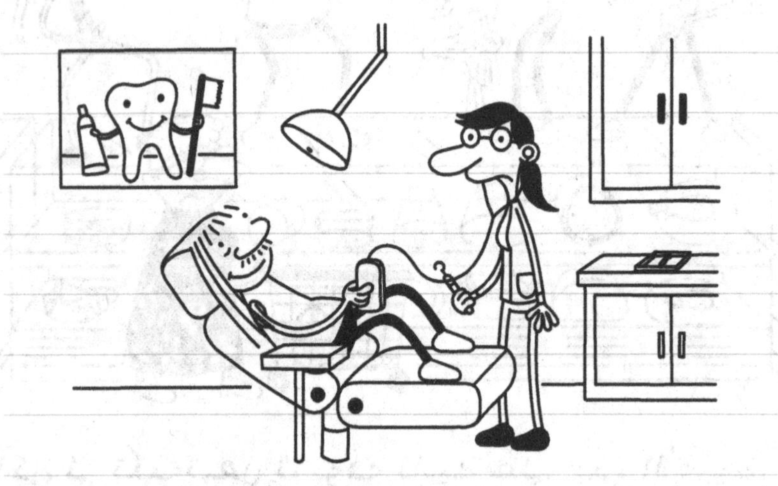

غير أنّ انفراجاً غير متوقّع حدث بعد ذلك. فشقيق درو الأكبر يعمل في قسم الأطعمة الجاهزة في السوبرماركت، وكان بإمكانه الوصول إلى نظام الصوت في المكتب الخلفي بسهولة. هكذا قُدّر للشباب أخيراً سماع أغنيتهم في مكان عامّ للمرة الأولى.

لكن لم تكد تمضِ ثلاثون ثانية على بدء الأغنية، حتّى أطفأها مساعد مدير المتجر.

ولا أعتقد أنّه من محبّي هذا النوع من الموسيقى، لأنّه طرد شقيق درو حتّى قبل انتهاء دوامه.

ضاقت الدنيا بالشباب حين فشلوا في إقناع أحد ببثّ أغنيتهم. عندئذٍ اقترح عليهم بيل اتّباع نهج مختلف.

قال إنّ الإعلانات التلفزيونية عادةً ما تحتوي على موسيقى، وربّما استطاعوا إقناع إحدى الشركات باستخدام أغنية الحيفاض الممتلئ في أحد إعلاناتها.

أضاف بيل أنّه إذا حالفهم الحظّ، فقد يتمكّنون من نشر صورهم على عبوات بعض المنتجات. هنا تدخّل رودريك قائلاً إنّه عندما بدأت فرقة ميتاليشيواوا بسلوك هذا الطريق، كانت تلك بداية النهاية بالنسبة إليهم.

لكنّني واثق من أنّه إذا تمكّن بيل من وضع صورة له على عبوة أحد المنتجات، فإنّه لن يتردّد في اغتنام الفرصة.

الثلاثاء

في الأسبوع الماضي، حالف الحظّ أخيراً فرقة الحيفاض الموملئ. فعندما نزل رودريك إلى ساحة الخردة ليرى ما إذا كان بإمكانه إيجاد أبواب يستبدل بها أبواب شاحنته، عثر هناك على شاحنة بديلة.

كان أحدهم قد ترك شاحنة آيس كريم قديمة في ساحة الخردة. فأخبر مالك المكان رودريك أنّه يستطيع الحصول عليها مجّاناً إذا تمكّن من إخراجها من الساحة. وعلى الرغم من أنّ الشاحنة كانت صدئة، إلّا أنّها ما زالت تعمل.

تحمّس الشباب كثيراً. لأنّ الشاحنة تضمّ متّسعاً كبيراً لجميع معدّات الفرقة. وهذا يعني أنّه بات بإمكانهم بالفعل البدء بتقديم العروض من جديد.

لكنّ أكثر ما أثار حماستهم كان مكبّر الصوت المثبّت على أعلى الشاحنة. فبعد أن أحضر رودريك الشاحنة إلى المنزل، أمضى الشباب عطلة نهاية الأسبوع يتجوّلون في المدينة، وأغانيهم تصدح في الأجواء.

بعد أن سئموا اللفّ في الشوارع، بدأوا بالاتّصال بنوادٍ مختلفة للعثور على شخص يرغب في الاستعانة بخدماتهم لتقديم عرض موسيقي. لكن كان قد مضى وقت طويل منذ أن عزفت فرقة الحيفاض الموتلئ في أيّ مكان، ولم يكن أيّ من الأشخاص الذين اتّصلوا بهم قد سمع باسمهم حتّى.

لذلك انهمك رودريك والشباب في التفكير في طرق لتعريف الناس بهم.

في الليلة الماضية، تجوّلوا في الجوار، وهم يعزفون موسيقاهم من على سطح شاحنة الآيس كريم. لكنّهم لم يتمكّنوا من تخطّي المدرسة الابتدائية، التي وضعت مؤخّراً مطبّات لتخفيف السرعة في منطقة دخول الطلّاب.

قال رودريك إنّه إذا أرادت فرقة الحيفاض الممتلئ أن تحقّق اختراقاً حقّاً، فسيكون عليهم البدء بالتفكير على مستوى أعلى بكثير.

أخبرهم أنّه عندما كانت فرقة ميتاليشيواوا في بداياتها، أقام أفرادها حفلة موسيقيّة فوق سطح أحد المباني في وسط المدينة، وتسبّب ذلك بخضّة هائلة.

صحيح أنّ رجال الشرطة والإطفاء أجبروهم على النزول، ولكن بحلول ذلك الوقت، كانت ميتاليشيواوا قد أصبحت على كلّ شفة ولسان وتصدّرت عناوين الأخبار.

تمّ تغريم الفرقة بسبب إقلاق راحة المواطنين، وقضى أفرادها الليلة في السجن. بعد ذلك، استخدموا الصور التي التقطت لهم في قسم الشرطة على غلاف ألبومهم التالي، الذي باع عدداً هائلاً من النسخ.

كانت فكرة رودريك الكبيرة تقضي بتقديم عرض على سطح المبنى نفسه الذي عزفت عليه فرقة ميتاليشيواوا قبل ثلاثين عاماً. غير أنّ الفكرة لم ترُق حقّاً لماكي، الذي خشي أن ينعكس إلقاء القبض عليه سلباً على طلبات الالتحاق بالجامعات.

هنا طمأنه رودريك قائلاً إنّهم سيلوذون بالفرار بمجرّد أن يروا الشرطة قادمة. وأعتقد أنّ ماكي أراد أن يحترم رأي الفريق، لأنّه وافق على مجاراتهم بالفكرة.

هكذا، قام الشباب بعد ظهر هذا اليوم بتحميل كلّ معداتهم في شاحنة الآيس كريم، وتوجّهوا إلى وسط المدينة.

بحسب الخطّة، كان عليهم أن يذهبوا إلى المبنى الذي عزفت فيه ميتاليشيواوا ويستخدموا المصعد للوصول إلى سطح المبنى. لكنّ الأمن أصبح أكثر تشدّداً منذ ذلك الحفل الموسيقي على السطح. وبالنتيجة، لم يتجاوز رودريك وزملاؤه الردهة حتّى.

على الرغم من ذلك، لم يكن الشباب مستعدّين للاستسلام، لذا ركنوا شاحنتهم في أحد الأزقّة، وانتظروا عند باب جانبي حتّى خرج أحدهم. وعندها، بدأوا في شقّ طريقهم صعوداً على الدرج حاملين معدّاتهم.

لكن تبيّن أنّ المهمّة أصعب بكثير ممّا كانوا يظنّون.

أراد بيل أن يعود أدراجه ويعثر على مبنى مكوّن من عدد أقلّ من الطوابق. لكنّ رودريك قال إنّ الأوان قد فات على العودة إلى الوراء وإنّ عليهم أن يواصلوا الصعود.

بعد ما أخذوا استراحات عديدة بين الطوابق، وصلوا أخيراً إلى السطح، وانصرفوا إلى إعداد أجهزتهم. غير أنّهم لم يتمكّنوا من العثور على أيّ منافذ كهربائية لمكبّرات الصوت والغيتارات.

لذا حاول رودريك إقناع السيّدة التي تعيش في الشقّة الواقعة في الطابق الأخير السماح لهم باستخدام أحد منافذ منزلها.

اعتقدَ الشباب أنّ السيّدة ستتّصل بالشرطة، وأصابهم الهلع جميعاً. فما كان منهم إلّا أن جمعوا معدّاتهم، وعادوا بها إلى الأسفل.

كـان مـن الـمـفـتـرض أن يـكـون الـنـزول أسـهـل مـن الصعود، لكنّهم كانوا على عجلة من أمرهم، لذلك لم يـكـن هـروبـهـم سـلـسـاً.

بعد أن عـاد الشباب أخـيـراً إلـى الشارع مـع كـلّ معدّاتهم، بدأوا بتحميلها مجدّداً في شاحنة الآيس كريم.

في تلك اللحظة، وصلت سيّارة شرطة وأوقفتهم.

ذعر الشباب لأنّهم اعتقدوا أنّهم على وشك التعرّض للاعتقال بتهمة التعدّي على ممتلكات الغير. لكن اتّضح أنّ الشرطيّة لم تكن تعلم حتّى أنّهم كانوا على السطح.

أخبرتهم الشرطيّة أنّهم ركنوا شاحنتهم في منطقة تحميل بضائع، وهي مخالَفة تستحقّ غرامة قدرها خمسون دولاراً.

لكنّها أخلت سبيلهم مكتفية بتحذير.

مخالفة وقوف

إعاقة منطقة تحميل بضائع $50

☑ تحذير (إعفاء من الغرامة)

وعلى الرغم من أنّ أعضاء فرقة الحيفاض المومتلئ لم يحصلوا على الدعاية التي كانوا يأملون فيها، إلّا أنّهم بدأوا يتحدّثون منذ الآن عن استغلال مواجهتهم مع القانون في غلاف أوّل ألبوم لهم.

الأحد

لم تتمّ الحفلة الموسيقية على السطح بالطريقة المرجوّة، لكنّ الشباب بدأوا بابتكار حركات جديدة للفت الانتباه إليهم. وكانت بعض الأفكار جنونية للغاية.

قضت فكرة بيل برمي حفاض يزن ألف باوند من أعلى ناطحة سحاب. لكن لم يعرف أحد من أين يمكنهم الحصول على حفاضات بهذا الحجم، ولم يرغب أيّ منهم في صعود كلّ هذه الأدراج مرّة أخرى على أيّ حال.

تساءل درو لماذا لا ينفّذون الفكرة نفسها مع حفاضات بالحجم العادي من طابق أقلّ انخفاضاً. غير أنّ بقيّة الشباب اتّفقوا على أنّ ذلك لن يُحدث التأثير نفسه.

أخيراً أتى رودريك بفكرة جنونية حقّاً. قال إنّهم إذا وضعوا حفاضات على جميع التماثيل في الحديقة العامّة في منتصف الليل، فإنّ الناس سينتابهم الفضول حول هوية المسؤول عن عمل كهذا. وبعد ذلك، عندما تعلن فرقة الحيفاض الموتليء أنّها هي التي تقف وراء هذه الحيلة، سيذيع صيتهم حتماً.

هكذا، اشتروا ثلاث دزّينات من الحفاضات وتوجهوا إلى المدينة. لكن أعتقد أنّ المتنزه خاضع للمراقبة على مدار 24 ساعة في اليوم، لذا، لم يتمكّنوا من الذهاب بعيداً في خطّتهم.

بعد ذلك، لم يعد لدى أيّ من الشباب الجرأة للقيام بحيلة كبيرة أخرى.

لذلك قـرّروا أن يلزموا جانب الحـذر، واكتفوا بالحصول على ملصقات تحمل اسم الفرقة.

وما كان من الشباب اليوم إلّا أن انتشروا وعلّقوا ملصقاتهم في جميع أنحاء المدينة. ولا بدّ أنّهم استهلكوا نصف مخزونهم منها في الحمّامات العامّة وحدها.

بعدما فرغوا من ذلك، اتّصل رودريك ببعض الأندية التي قال أصحابها إنّهم لم يسمعوا بهم قطّ ليرى ما إذا باتوا يعرفون من هم الآن. فأخبرهم صاحب ملهى روك المتمرّدين أنّه يعرف بالضبط من تكون فرقة الحيفاض المومتلئ، وطلب منهم القدوم إلى وسط المدينة للاجتماع بهم.

كانت حماسة الشباب لا توصف، لأنّ ملهى المتمرّدين واحد من أفضل الأماكن التي تقيم حفلات موسيقية حيّة. لكن اتّضح أنّ الرجل طلب حضورهم لأنّهم علّقوا ملصقاتهم على سيّارته رباعية الدفع. فأمضوا بقية فترة ما بعد الظهر في نزعها.

يناير

السبت

أعتقد أنّ تلك الملصقات لم تكن مضيعة للمال بعد كلّ شيء.

فبجوار ملهى المتمرّدين يقع ملهى يحمل اسم الدجاجة المذبوحة. ومنذ يومين، تواصلت المالكة مع رودريك وقامت بدعوة الفرقة إلى وسط المدينة للحديث عن تقديم عرض لديها.

قالت إنّ ملهى الدجاجة المذبوحة يقدّم حفلة موسيقية حيّة كلّ ليلة خميس، وإذا وافقت فرقة الحيفاض الموتلئ على العزف هناك، فستمنحهم نصف المبلغ الذي تتقاضاه عند الباب.

لم يصدّق الشباب أنّهم استطاعوا أخيراً نيل عمل مدفوع الأجر، وقضوا طوال الأسبوع في الاستعداد للعرض. وبما أنّهم سيعزفون على مسرح فعلي هذه المرّة، فقد أرادوا الظهور بمظهر ملفت حقّاً. لذا صنع ماكي لافتة عملاقة للحيفاض الومتلئ لتعليقها خلف الفرقة، وأحضر رودريك آلة تنفث الدخان من متجر الهالوين.

أراد بيل شراء جهاز ليزر لرفع العرض إلى مستوى آخر. لكنّ درو كان على قناعة بأنّ هذه الأشياء في غاية الخطورة، لذا اضطرّوا للتخلّي عن الفكرة.

فكّر رودريك في إضفاء لمسة من الغرابة على المشهد، فجاء بفكرة وضع جماجم على سطح الصنوج.

ظننت أنّه سيشتري بعض الجماجم البلاستيكية من متجر الملابس التنكرية، لكنّ الشاب أرادها جماجم أصليّة. وأعتقد أنّ الناس لا يسلّمون هذه الأشياء لكلّ من يطلبها.

قال رودريك إنّ العرض لا يقوم على الموسيقى وحسب، بل هو تجربة كاملة. فاقترح على أعضاء الفرقة تحويل آلة نفث الدخان إلى آلة روائح تنبعث منها رائحة مختلفة مع كلّ أغنية. ولكن عندما علمت أمّي بهذه الفكرة، حظرتها تماماً لأنّها «غير صحّية» على حدّ قولها.

كان لدى الشباب كثير من الخطط الأخرى لكيفية ظهورهم على المسرح، لكنّ معظمها كان باهظ التكلفة أو غير واقعي. أخيراً، جاء بيل بفكرة بدا أنّها قد تنجح بالفعل.

قال إنّهم يستطيعون شراء أحد تلك الحمّامات البلاستيكية النقّالة، وعندما يحين الوقت لخروج الفرقة على المسرح، يخرجون جميعاً منه، ويكون لظهورهم الأثر الكبير المطلوب.

هكذا، بدأوا يجرون اتّصالاتهم للعثور على مكان يبيع حمامات نقّالة، واكتشفوا أنّ هذه الأشياء باهظة التكلفة عندما تكون جديدة تماماً.

كان عمّ درو يدير موقع بناء، وكان على استعداد لبيع حمام نقّال مستعمل للفرقة بنصف السعر. فذهب الشباب لاستلامه اليوم.

لكن أعتقد أنّ تحميل هذا الشيء في الشاحنة استغرق منهم مجهوداً كبيراً. وباتوا يخشون الآن من أن تخور قواهم بعد نقل الحمام وجميع معدّاتهم إلى خشبة المسرح ليلة الخميس، ولا يتبقّى لديهم ما فيه الكفاية من الطاقة لأداء العرض.

لذلك كانت الفرقة تحاول العثور على شخص يمكنه المساعدة في نقل المعدّات من وإلى الشاحنة ليلة الخميس.

سأل رودريك صديقه وارد أوّلاً، لأنّه كان يعمل كرجل أمن مع الفرقة في حفلاتها. لكنّ وارد لم يكن على استعداد للمساعدة إلّا إذا جعلوه عضواً في الفرقة.

عندئذٍ، طلب درو من شقيقه أن يقدّم لهم هذه الخدمة. غير أنّ هذا الأخير لا يزال مستاء بسبب طرده من وظيفته في قسم الأطعمة الجاهزة، وقال إنّه لن يتولّى تلك المهمّة إلّا إذا دفعوا له مبلغاً من المال يساوي ما كان يتقاضاه من العمل.

أعتقد أنّ الشباب استنفدوا كلّ خياراتهم، ولهذا السبب، أتوا إليّ.

قال رودريك إنّهم لا يستطيعون دفع أيّ شيء لي، لكنّ التجربة ستبدو عظيمة على سيرتي الذاتية. مع ذلك، لا أعرف أيّ نوع من أصحاب الشركات سيُعجب بخبرتي في العمل لدى فرقة يتضمّن اسمها كلمة «حيفاض».

مع ذلك، أعتقد أنّ قبولي بالوظيفة سيجعل كتابي «الحيفاض المومتلئ»، الذي سأروي فيه كلّ شيء، أكثر إثارة للاهتمام. لذا حقّاً، ورّطت نفسي في هذه المسألة فقط من أجل المال.

السبت

إذا كانت كلّ ليلة مثل ليلة الخميس، فأنا لست متأكّداً من المدّة التي يمكنني خلالها البقاء على قيد الحياة كوني حمّال الحيفاض الوومتلئ.

لم يكن من المفترض أن تصعد الفرقة على خشبة المسرح في ملهى الدجاجة المذبوحة حتّى الساعة 8:00، لكنّ رودريك كان شديد الحرص على إعداد كلّ شيء. لذلك وصلنا إلى هناك قبل ساعتين من الوقت، وبدأنا بنقل المعدّات إلى الداخل، وكانت الفرقة سعيدة بالسماح للقادم الجديد بأداء معظم الأعمال الشاقّة.

استغرق الأمر نحو ساعة ونصف لإعداد المسرح، وأراد الشباب أن يتمرّنوا لبعض الوقت قبل أن يبدأ الجمهور بالتوافد.

لكن في تلك اللحظة، أدرك رودريك أنّه نسي مضارب الطبل في المنزل. وألقى باللوم عليّ، قائلاً إنّ الحمّال هو المسؤول عن المعدّات.

لم يكن الوقت يسمح بالذهاب إلى المنزل والعودة قبل حلول موعد العرض، لذلك بدأ ماكي بإجراء اتّصالاته بحثاً عن متاجر في المنطقة تبيع مضارب طبل. لكن أعتقد أنّ متجر الأدوات الموسيقية الوحيد في المدينة أُغلق قبل بضعة أشهر، لذا وجدنا أنفسنا أمام طريق مسدود.

عندئذٍ، خطرت ببال رودريك فكرة. قال إنّ أحد مطاعم سيّد قشطة يقع على بعد بضعة مبانٍ، ويمكننا الحصول على مضارب الطبل من هناك. لكن لم يبدُ لي ذلك منطقياً حقّاً، لأنّ سيّد قشطة كان مطعم بيتزا.

ذكّرني رودريك أنّ جميع مطاعم سيّد قشطة لديها فرقة آليّة تخرج ثلاث مرّات في الليلة لعزف أغنية. وعلى الرغم من مرور وقت طويل منذ أن ذهبت إلى أحد تلك الأماكن، إلّا أنّني أتذكّر كم كانت تلك الروبوتات تخيفني في صغري.

كانت فكرة رودريك تقوم على الاستيلاء بطريقة ما على مضارب الطبل، الأمر الذي بدا لي أقرب إلى السرقة. لكنّ رودريك أكّد أنّنا لن نسرقها، بل سنستعيرها لبضع ساعات وحسب. وقال إنّه من المحتمل أن نعيد تلك المضارب قبل أن يلاحظ أحد اختفاءها.

لم أشعر بالارتياح للفكرة، لكن اتّضح أنّ رودريك لا يستطيع تنفيذ هذه الخطّة من دوني.

لا تسمح مطاعم سيّد قشطة بدخول المراهقين، لأنّهم تسبّبوا بكثير من المتاعب في الماضي، على ما أظنّ. لذلك اقترح رودريك أن أرافق بيل ونتظاهر بأنّه أبي.

وعلى الرغم من أنّ هذه الفكرة برمّتها بدت لي رهيبة، إلّا أنّني شعرت ببعض المسؤوليّة لترك مضارب الطبل تلك في المنزل، لذلك وافقت عليها.

مررنا أنا وبيل من أمام رجل الأمن ودخلنا المطعم. لكن بدا لي وكأنّ الرجل أدرك أنّنا ننوي القيام بشيء مريب لأنّه لم يرفع عينيه عنّا منذ دخولنا.

فما كان من بيل إلاّ أن اشترى بعض العملات الرمزية، وبذل قصارى جهده للتصرّف كما لو كان والدي حقّاً عندما سجّلت مجموع نقاط عالياً في لعبة ضرب الخلد.

ثمّ لهَونا أنا وبيل بلعبة البولينغ الإلكترونية، واشتدّت المنافسة بيننا. وأعتقد أنّنا نسينا أنفسنا، لأنّه عندما توقّفنا، كان بيل قد أنفق ما لا يقلّ عن عشرين دولاراً على العملات الرمزية.

أخذنا التذاكر التي ربحناها وذهبنا بها إلى كشك الجوائز، غير أنّ بيل شعر بخيبة أمل لأنّنا لم نتمكّن من شراء مصباح اللافا. لذلك أنفق عشرة دولارات أخرى على العملات الرمزية للعب بضع جولات أخرى من البولينغ، وفزنا بتذاكر كافية لاستبدالها بما نريد.

كلّ هذا النشاط فتح شهيّتنا، لذلك جلسنا لطلب البيتزا. وأعترف أنّني استمتعت كثيراً، بحيث نسيت سبب وجودنا هناك في المقام الأوّل.

لكن عندما فُتحت الستائر وبدأت الفرقة الآليّة بالعزف، تذكّرت ما جئنا من أجله.

حين بدأ القرد الآلي بالعزف على الطبول، اتّضح لي أنّ الحصول على المضارب لن يكون بهذه البساطة. فمن غير الممكن الصعود على خشبة المسرح وانتزاع مضربي الطبل من كفّيه أمام جميع الحاضرين. لذلك جلسنا هناك، وحاولنا التفكير بخطّة.

لكن قبل أن نتوصّل إلى حلّ معقول، أُغلقت الستائر، وعاد الجميع لتناول طعامهم.

لم أكن قد عرفت بعد كيف سنحصل على مضارب الطبل تلك، عندما منحتنا إحدى السيدات الفرصة التي نحتاج إليها للتحرّك.

فقد راحت إحدى الأمّهات تشتكي إلى المدير من طبق البيتزا الذي حصلت عليه. قالت إنّ الشرائح كانت بأحجام مختلفة وبمكوّنات مختلفة، ممّا يعني أنّ المطعم يستخدم البقايا ويبيعها كبيتزا جديدة.

تذكّرت عندئذٍ أنّ أمي اشتكت من الأمر نفسه قبل بضع سنوات، ولهذا السبب، توقّفت عن اصطحابنا إلى مطعم سيّد قشطة.

مع انصراف انتباه الجميع إلى حديث هذه السيّدة مع المدير، تحرّكنا أنا وبيل. فتسلّلنا سرّاً خلف الكواليس، وهناك، كان الظلام دامساً.

أضاء بيل مصباح هاتفه حتّى نتمكّن من الرؤية، وكانت الروبوتات جالسة هناك مثل تماثيل في الظلام.

كنت أعرف أنّ هذه الأشياء ليست حيّة في الواقع، لكنّني مع ذلك لم أشعر بالراحة لتواجدي بجوارها. لذلك أردت الإسراع لكي أنفض يديّ من هذه المسألة.

إلّا أنّ الأمر لم يكن بهذه السهولة. فقد حاولنا إخراج مضربي الطبل من كفّي القرد، لكنّ قبضته كانت كالحديد.

ولا أدري ما إذا كانت الروبوتات تنشط بالحركة، ولكن عندما فتح القرد عينيه، ذُعرت حقّاً.

قرّرت إلغاء المهمّة، وخرجت من الباب الخلفي. راح بيل يجري في أعقابي، لكنّه لم يكن خالي الوفاض.

لحسن الحظّ، ركن بقيّة الشباب الشاحنة التي سننفّذ بها عمليّة الفرار خلف المطعم. وبالتأكيد، كان لهذه النافذة الجانبية فائدتها.

ظننّا أنّنا نجونا بعد خروجنا من موقف السيّارات، لكنّ رجل الأمن لحق بنا بسيّارة سيّد قشطة.

طاردنا عبر ازدحام السير، ولم يستطع رودريك أن يتخلّص منه. أخيراً، وصلنا إلى إشارة حمراء، فأوقف الحارس سيّارته واقترب من الشاحنة راجِلاً.

لم يعرف رودريك ماذا يفعل. لكن عندما تحوّلت الإشارة إلى اللون الأخضر، ضغط على دواسة السرعة، وترك رجل الأمن خلفنا.

كان ماكي في حالة من الهلع التامّ، لأنّنا، على حدّ قوله، قد ندخل السجن بتهمة مقاومة الاعتقال. فردّ عليه رودريك أنّ رجل الأمن لدى سيّد قشطة لا يمكنه وضع أحد قيد الاعتقال.

غير أنّ رودريك لم ينوِ المجازفة بأيّ حال من الأحوال. فسلك عدداً من المنعطفات السريعة، قبل أن يركن الشاحنة خلف مطعم صيني. بعد ذلك، أطفأ المحرّك والأضواء، وانتظرنا إلى أن تأكّدنا من خلوّ الساحة.

أراد ماكي العودة إلى المطعم وإعادة كفّ القرد. فاعترض روديك قائلاً إنّه لا وقت لذلك، لأنّه من المفترض أن تصعد الفرقة على خشبة المسرح في ملهى الدجاجة المذبوحة في أيّ لحظة.

فقاد الشاحنة عبر المدينة، وركنها في الزقاق خلف الملهى، ثمّ دخلنا من الباب الخلفي. كانت المديرة تنتظرنا في الداخل، وأخبرت الشباب أنّ عليهم الإسراع والصعود على المسرح لأنّ الجمهور بدأ يتململ.

المشكلة أنّنا لم نكن نملك سوى مضرب طبل واحد، وهو لا يزال معلّقاً بكفّ القرد. ولم يتمكّن أيّ من الشباب من إيجاد طريقة لتحريره.

هنا، خطرت فكرة ببال درو فكرة. فقام بتوصيل سلك مكبّر صوت بأحد الأسلاك المتدلّية من كفّ القرد، وعندما فعل ذلك، ارتخت الكفّ وأفلتت المضرب.

ولكن عندما فصل درو الأسلاك، أُغلقت الكفّ مجدّداً. وهذه المرّة، أحكمت قبضتها حول ساق ماكي.

في تلك اللحظة، عادت صاحبة الملهى إلى الكواليس وأخبرت أعضاء الفرقة أنّهم إذا لم يخرجوا ويبدأوا بالعزف، فلن تقوم بدعوتهم لتقديم أيّ عروض لدى الدجاجة المذبوحة مرّة أخرى.

وعلى الرغم من أنّ ماكي كان يواجه صعوبة في المشي مع كفّ قرد آلي عملاق متشبّثة بساقه، إلاّ أنّه تمكّن من الصعود على المسرح مع بقيّة أعضاء الفرقة.

بدا الجمهور في حالة مزاجية مناسبة للترفيه، لكنّ الحيفاض الممتلئ لم تكن مستعدّة لتلك اللحظة الكبيرة.

أوّلاً، بدا جميع الشباب مخضوضين حقّاً بعد تلك المطاردة بالسيّارة، ولم يكن أحد منهم في أفضل حالاته. وكان رودريك يعمل بمضرب طبل واحد، بينما انصبّ تركيز ماكي على كفّ القرد بدلاً من التركيز على العزف على الغيتار.

علاوة على ذلك، أصابهم شيء من الصدأ على ما يبدو، لأنّهم لم يؤدّوا عرضاً أمام الجمهور منذ مدّة من الزمن. أمّا أكثر من كان بحاجة إلى التمرين بينهم فهو بيل. إذ لم يستطع تذكّر أيّ من كلمات الأغاني، لذلك اضطرّ لقراءتها من هاتفه.

وبالنظر إلى شدّة تحديقه إلى الشاشة في أثناء ذلك، أعتقد أنّ الوقت قد حان بالنسبة إليه لاستخدام نظّارة للقراءة.

ربّما كان على بيل أن يضع هاتفه في وضع الطيران قبل بدء العرض، لأنّه لو فعل، ما كان ليرنّ عندما اتّصلت جدّته. لكن يبدو أنّ بيل لا يحبّ جعل جدّته تنتظر، لأنّه ردّ على هاتفه في وسط إحدى الأغاني.

كان الجمهور قد بدأ يشعر بالانزعاج، وأظهر ذلك للفرقة عن طريق رشقها بأجنحة الدجاج.

أمّا أنا، فكنت أتعامل مع مشكلة أكبر من ذلك بكثير. إذ بدأ الناس يصطفّون لاستخدام الحمّام النقال، ولم أستطع فعل شيء لإيقافهم.

لحسن الحظّ، نفدت أجنحة الدجاج من الملهى، وبدأ الجمهور بالانصراف إلى منازلهم. وكان ذلك من حسن حظّ الفرقة، لأنّ بيل أصيب برشقة من صلصة بوفالو في عينه، ولم يعد بمقدوره قراءة كلمات الأغاني عن هاتفه.

بمجرّد رحيل الجميع، بدأنا بتفكيك العدّة. إلّا أنّ السيّدة صاحبة الملهى أجبرتنا على لمّ كلّ عظام الدجاج وتنظيف المسرح من الصلصة، الأمر الذي تتطلّب منّا ساعة أخرى من العمل.

بعد تحميل المعدّات في الشاحنة، طلب رودريك الأجر من المالكة. كان الحشد كبيراً جدّاً في الملهى، وتوقّع أن تغادر الفرقة المكان بمبلغ معقول من المال.

غير أنّ صاحبة الملهى قالت إنّ الاتفاق كان ينصّ على أن تحصل الفرقة على نصف المبلغ الذي يدفعه الزبائن عند الدخول، وفي ليالي الخميس، تسمح للناس بالدخول مجّاناً. هذا يعني أنّ الأمر برمّته كان مجرّد مخطّط لبيع أجنحة الدجاج.

لذا، وبعد كلّ هذا العناء، لم يحصل الشباب على أيّ شيء، باستثناء كفّ قرد آليّ. ولا أدري حقّاً كيف شرح ماكي وجود هذا الشيء لأساتذته في المدرسة في صباح اليوم التالي.

الأربعاء

بعد طريقة أداء الفرقة في عرضها الأخير، يبدو لي أنّ على الحيفاض الوومتلئ قضاء كثير من الوقت في التدريب. لكنّهم بدلاً من ذلك كانوا يمضون كلّ وقت فراغهم في محاولة فصل كفّ ذاك القرد عن ساق ماكي.

اقترح درو تجربة الأسلاك مرّة أخرى، لكنّ ماكي خشي أن تُحكم الكفّ قبضتها أكثر حول ساقه وتسحقها تماماً.

في الواقع، أراد ماكي إعادة الكفّ إلى مطعم سيّد قشطة. فبرأيه، إذا أعاد وصلَ الكفّ بالقرد الآلي، فستطلق سراحه.

غير أنّ روديك لم يشجّعه على ذلك، لأنّ رجل الأمن يترقّب عودتهم إلى المطعم على الأرجح، وهذا آخر مكان يجب أن يذهبوا إليه. لذلك راح الشباب يبحثون عبر الإنترنت للعثور على شخص يجيد حلّ هذا النوع من المشاكل، لكنّ الحظّ لم يحالفهم بعد.

الغريب أنّه كان لدى ميتاليشيواوا كلب آليّ عملاق كجزء من عرضهم المسرحي، يخرجونه عندما يطلب منهم الجمهور إعادة الأغنية.

كانت عينا الكلب الآليّ حمراوين متوهّجتين، كما كان يطلق البخار من أنفه. وخلال الجولة الأخيرة للفرقة، اقترب عازف الغيتار باس من إحدى فتحتي أنف شيواوا العملاق، ودفع الثمن غالياً.

شعر الشباب بالفضول بشأن ما حدث لعازف الغيتار، وكان اسمه وارويك سبرينتر. لذا، بحثوا عنه ليروا ما الذي يفعله هذه الأيّام.

اتّضح أنّ وارويك لا يزال يمارس نشاطاته، ولديه أيضاً موقع على الشبكة بحيث يمكن حجزه للمناسبات الخاصّة وما إلى ذلك.

وفي بعض الأحيان، يظهر علناً، بحيث يمكن للناس مقابلته مجّاناً. وعندما اطّلع الشباب على جدوله، اكتشفوا أنّه من المقرّر أن يحضر معرض أساطير الأمس، الذي سينظّم في نهاية هذا الأسبوع.

سبق لي أن زرت هذا المعرض مع والدي. فقد كان من هواة مسلسل خيالي كان يُعرض على التلفاز في طفولته. وعندما اكتشف أنّ عدداً من الممثلين سيحضرون ويمنحون تواقيعهم للمعجبين، قرّر أن يذهب ويقابلهم.

لكنّ الأشخاص الذين يحضرون هذا النوع من المعارض يعيشون الحالة حقّاً. حتّى إنّني شعرت بشيء من الغرابة لكوني واحداً من القلّة الذين لم يرتدوا زيّاً تنكّرياً.

خاب أمل أبي بعض الشيء لأنّ نجوم المسلسل لم يحضروا، لكنّه فرح كثيراً على الرغم من ذلك بمقابلة بعض الممثّلين من الدرجة الثانية.

أعتقد أنّ كثيراً من هؤلاء الممثّلين يكسبون رزقهم من مناسبات كهذه. وكان أن أنفق أبي مبلغاً كبيراً من المال على الصور الموقّعة والتذكارات في أثناء وجودنا هناك.

مع ذلك، لا يقتصر الأمر على الممثّلين وحسب. فقد كان ثمّة رياضيين متقاعدين ونجوم موسيقى روك في معرض أساطير الأمس العام الماضي عندما ذهبت مع أبي، لكنّ طاولاتهم لم تسجّل حركة مرور كثيفة.

لا بدّ أنّه من الصعب الانتقال من الأداء أمام آلاف الأشخاص إلى الجلوس إلى طاولة بلاستيكية قابلة للطيّ بمفردكم في قاعة معارض. لذا، فإنّ الحدث برمّته سبّب لي شيئاً من الحزن.

غير أنّ رودريك والشباب كانوا متحمّسين للغاية بشأن هذا المعرض. فمن وجهة نظرهم، سيلتقون أخيراً بأسطورة حيّة حقيقيّة.

السبت

جلب رودريك والشباب كمّاً هائلاً من الأشياء لتُمهَر بتوقيع واريك سبرينتر في معرض أساطير الأمس. لكنّهم اكتشفوا لدى وصولهم أنّه من غير المسموح للزائرين إحضار أشياء معهم من منازلهم، لذا اضطرّوا لإعادة كلّ ما معهم إلى الشاحنة.

بمجرّد دخولهم، ذهبوا للبحث عن طاولة واريك، وعثروا عليه في آخر القاعة.

كان رودريك وزملاؤه في الفرقة في غاية الحماسة لمقابلة وارويك لدرجة أنّهم بدأوا يتحدّثون جميعاً في وقت واحد. لكن بحسب قاعدته، إذا أردتم طرح سؤال، فعليكم شراء شيء أوّلاً. وكانت أمامه مجموعة كاملة من السلع باهظة الثمن للاختيار من بينها.

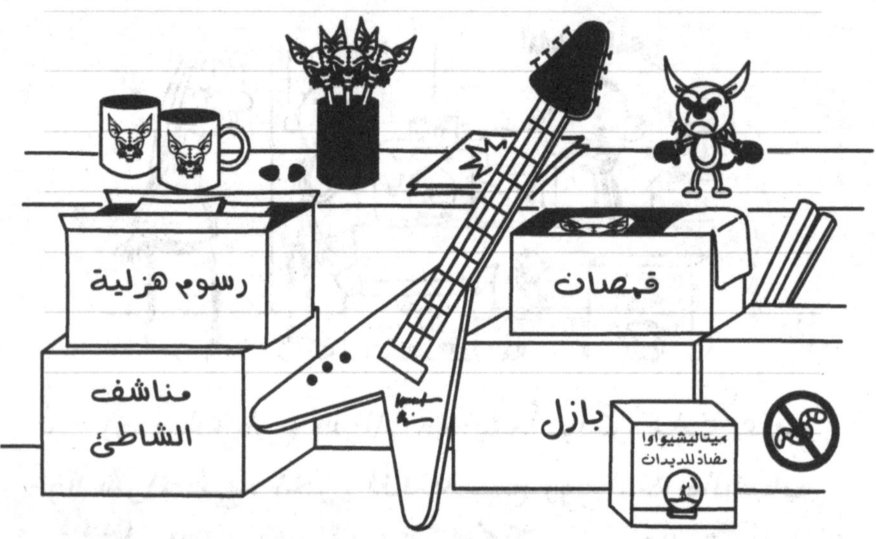

لكن لم يكن الشباب يحملون الملايين من النقود، لذلك اشترى رودريك أرخص عنصر متوفّر، وكان عبارة عن رأس ممحاة على شكل شعار ميتاليشيواوا. بعد ذلك، سأل وارويك عن النصيحة التي يمكن أن يقدّمها لفرقة تحاول خوض عالم الموسيقى.

قال وارويك إنّ الشيء الأهم هو عدم القيام بأيّ عمل مجّاناً.

شرح لهم أنّ الكثير من الناس سيحاولون الاستفادة من فرقة موسيقية في بداياتها، ولكن يجب عليهم أن يحرصوا دائماً على حصولهم على مال مقابل عملهم. وبعد ما حدث في ملهى الدجاجة المذبوحة، بدت تلك النصيحة في محلّها تماماً.

أراد رودريك طرح سؤال هو أيضاً، ولكن كان عليه أوّلاً شراء شيء آخر. لذلك جمع رودريك والشباب بقيّة أموالهم واشتروا موزّع سكاكر من ميتاليشيواوا.

سأل رودريك ما الذي أدّى إلى تفكّك ميتاليشيواوا قبل كلّ تلك السنوات. وكان لدى وارويك الكثير ليقوله حول هذا الموضوع.

أجاب أنّه كان ثمّة سببين لتفكّك الفرقة: المال والأنانية. فقد كانت أمور ميتاليشيواوا تسير على خير ما يرام، إلى أن اكتشفوا أنّ مدير أعمالهم يسرقهم. وبعد أن طردوه، راحوا يبحثون عن طرق لتعويض خسارتهم.

في تلك المرحلة، بدأوا باتّخاذ قرارات تجارية سيّئة، ووقّعوا عدداً من العقود غير الموفّقة لمجرّد تحقيق ربح سريع.

أخبرهم أنّ الفرقة ابتكرت مجموعة من المنتجات التي لم تكن مدعاة للفخر، بما في ذلك مجموعة من العطور الشخصية، التي انتهى بها المطاف على رفّ الحسومات بعد أسبوعين من طرحها في الأسواق.

لكنّ أسوأ قرار اتّخذوه، على حدّ قول وارويك، كان إنتاج برنامج كرتوني صباح يوم السبت للأطفال، لأنّه أدى إلى انصراف جمهورهم الأكبر سنّاً عنهم.

لكنّ أمور الفرقة ساءت بالفعل، برأيه، حين بدأ الناس يهمسون في أذن المغنّي الرئيس قائلين له إنّه النجم الحقيقي في فرقة ميتاليشيواوا، وإنّه ليس بحاجة إلى أعضاء الفرقة الآخرين. فما كان منه إلاّ أن أصدر ألبوماً منفرداً في فترة الميلاد، باء بفشل ذريع.

بعد ذلك، تدهورت أحوال الفرقة تماماً، على حدّ قول وارويك. حاولت ميتاليشيواوا كسب المال من خلال القيام بجولة مع مغنٍّ جديد، لكنّ أعداد المعجبين كانت تتضاءل. وبعد بضع سنوات، قرّروا إيقاف نشاطهم نهائيّاً.

قال إنّه بعد تفكّك الفرقة، ذهب كلّ منهم في طريق منفصل. عاد المغنّي الأصلي إلى الدراسة، وأصبح في النهاية محامياً، فيما عمل عازف الغيتار الرئيس في مجال إنفاذ القانون.

لكن بحسب واريك، لم يسمع أحد شيئاً عن عازف الطبول في الفرقة، سيباستيان سليفز، منذ خمسة وعشرين عاماً. وهنا قام واريك بسحب مجلّة موقّعة تتضمّن آخر مقابلة لسبستيان، وقال إنّه على استعداد لبيعهم إيّاها مقابل خمسة وعشرين دولاراً.

بيد أنّ الشباب كانوا قد استنفدوا كلّ مالهم. فأخبرهم واريك أنّه ثمّة صرّاف آلي في آخر القاعة، وأنّه سيكون سعيداً بانتظارهم.

أضاف واريك أنّ لديه مرآباً كاملاً مليئاً ببضائع ميتاليشيواوا التي يودّ التخلّص منها. وإذا أحبّوا المرور بمنزله يوماً ما، فسوف يُسَرّ بمنحهم حسماً جيّداً حقّاً على بعض العناصر عالية الجودة.

لكن أعتقد أنّ رودريك والشباب بدأوا يشعرون بشيء من عدم الارتياح، وكانوا قد حصلوا أساساً على ما جاؤوا من أجله. ومع أنّ رودريك أكّد لواريك أنّهم سيتوجّهون إلى الصراف الآلي لسحب المال ويرجعون إليه، إلّا أنّهم عادوا مباشرة إلى المنزل بدلاً من ذلك.

الخميس

الأمر الجيّد الوحيد الذي جاء من لقاء رودريك وزملائه بعازف الغيتار أنّهم قرّروا عدم فعل شيء من الآن فصاعداً من دون أجر.

قالت أمّي إنّ كثيراً من الناس يحتاجون إلى فرقة موسيقية لإحياء مناسباتهم، لذلك حاول الشباب الإعلان أنّهم متاحون لحفلات الزفاف وما إلى ذلك.

لكنّ إعلانات الصحف باهظة التكلفة، لذا اكتفوا بتعليق إعلاناتهم على لوحة الإعلانات في دار العبادة بدلاً من ذلك.

نشرة مؤسسة سانت مارتا

تقام اليوم مراسم جنازة إدوارد رو، زوجته إدنا وابنتاه مارلي وأليس.

يانصيب

اربح فرصة الفوز بمنزل نطّاط لحفلة ذكرى ميلاد طفلك القادمة. التذاكر 5 دولارات للشخص الواحد.

فرقة للحفلات

ستحيي فرقة الحيفاض الومتلئ حفلتكم القادمة. الدفع نقداً فقط. الأجر قابل للتفاوض. لمن يرغب، يرجى التواصل مع والدة رودريك هيفلي.

مجموعة الشباب

سيعقد الاجتماع القادم في الطابق الأوّل، بسبب فيضان المياه في القبو.

لم يُجدِ ذلك نفعاً، فما كان من الشباب إلّا أن بدأوا يسألون أصدقاءهم عمّا إذا كانوا يعرفون شخصاً يحتاج إلى استئجار فرقة موسيقية. اتّضح أنّ لدى أحد أصدقاء ماكي ابن عم كان يقيم احتفال ذكرى مولده بمناسبة بلوغه الثالثة عشرة من عمره. وأعتقد أنّ والدَيه كانا في حاجة ماسّة لفرقة ترفيهية، لأنّهما عرضا استئجار خدمات الحيفاض الهومتلئ من دون أن يطلبا حتّى سماع أغنياتهم.

كان الشباب في غاية الحماسة لأنّهم حصلوا أخيراً على عمل مأجور. غير أنّ أمّي تدخّلت وأخبرتهم أنّ هذا الاحتفال حدث رسمي، وسيتعيّن عليهم بالتالي ارتداء ملابس مناسبة. فقاموا بحلّ هذه المشكلة من خلال زيارة لمتجر الملابس التنكّرية.

أخبرني رودريك أنّهم سيحتاجون إلى مساعدتي في الإعداد لهذا الحدث، لكنّني قررت أنّ أيّام عملي بالمجّان قد ولّت أنا أيضاً. لذا قلت له إنّه إذا أراد منّي الاستمرار في العمل لديهم، فإنّني أريد نسبة 10٪ من أيّ مبلغ تجنيه الفرقة من الآن فصاعداً، وقد وافق على ذلك.

لم يسبق لي أن ذهبت إلى حفلة ذكرى ميلاد من قبل، لذلك لم أكن أعرف ما الذي ينتظرني هناك. غير أنّ الطعام كان رائعاً وكان الحفل برمّته ممتعاً للغاية.

كان الجميع يمضون وقتاً رائعاً، وعندما صعدت الحيفاض الموحلة على خشبة المسرح، ازداد صخب الحفل قليلاً. ولا يبدو أنّ أحداً اعترض على كون كلمات الفرقة غير مناسبة لاحتفال رسميّ.

عندما أخذت الحيفاض الموحلة استراحة، قرّر الولد صاحب الاحتفال فتح هداياه، التي كانت في الغالب كتباً وأشياء من هذا القبيل. لكن بعد ذلك، فاجأ والداه جميع الضيوف الآخرين بالهدايا أيضاً.

حصل كلّ من الحاضرين على مسدّسات بلاستيكية ومائة سهم مطّاطي. ووقعت معركة حامية شارك فيها الجميع.

استمتع كلّ الحاضرين، وفي نهاية الحفلة، دفع والدا الطفل للفرقة نقداً. وحصلتُ على 10٪، تماماً كما وعد رودريك.

أظنّ أنّ خبر نجاح الحفل ذاع في البلدة، وفي غضون أيّام قليلة، توالت العروض على الحيفاض الموصلئ.

هكذا أقاموا حفلاً على متن قارب، وحفلاً لجمع تبرّعات لرجال الإطفاء المصابين، وحتّى مسابقة لاختيار أقبح كلب في الولاية. وكان بيل هو الذي اختار الفائز في تلك المسابقة.

بعد ذلك عزفوا في مسابقة لقطع الحطب، وفي الافتتاح الكبير لصالون وشم.

لكنّ الحفل الأكثر حماسة الذي أقاموه كان لشركة حليب أطفال نظّمت حفلاً للأمّهات الجدد. ولم أستطع أن أتبيّن ما إذا أحبّت النساء موسيقى الحيفاض المومتلئ حقّاً أم وجدن فيها فرصة للتنفيس وحسب.

شعر بيل ودرو وماكي بالرضى عن الطريقة التي آلت إليها الأمور، لأنّهم كانوا يكسبون مالاً في النهاية. لكنّ الشخص الذي لم يبدُ عليه الرضى كان رودريك.

قال إنّه من الرائع الحصول على بعض الأموال الإضافية كمصروف، ولكن إذا أرادوا الفوز في مباراة النجوم، فعليهم أن يعملوا جدّياً على زيادة حجم قاعدة معجبيهم.

ثمّ أخبرهم أنّه عندما كانت فرقة ميتاليشياوا في بداياتها، اعتادت تقديم حفلات موسيقية على مدار أيّام الأسبوع. وكانت لديهم مجموعة من المعجبين الذين يتبعونهم من مكان إلى آخر لمشاهدة عروضهم.

قال رودريك إنّ معجبي ميتاليشياوا أطلقوا على أنفسهم اسم فرقة العظام، وكانوا يرتدون أزياء عجيبة لحضور العروض.

برأي رودريك، إذا أرادت الحيفاض المومتلئ الفوز في مباراة النجوم، فسيتعيّن عليهم امتلاك معجبين مجانين بهم. وقال إنّه بإمكانهم أن يطلقوا على أنفسهم اسم «فرقة الحيفاضات».

كما يمكنهم شراء أحد تلك المدافع المطّاطية وإطلاق الحفاضات على الحشد في حفلاتهم.

لم يبدِ بقيّة الشباب أيّ حماسة تجاه هذه الفكرة، لا سيّما وأنّه لم يتبقَّ لديهم سوى القليل من المال، ولم يرغبوا في إنفاقه كلّه على الحفاضات.

غير أنّ رودريك كان قد فكّر في كلّ شيء. وقال إنّهم إذا وجدوا راعياً، فسوف يحصلون على الحفاضات مجّاناً.

وصدّقوا أو لا تصدّقوا، إلّا أنّه اجتمع بالفعل مع عدد من متاجر مستلزمات الأطفال وطرح فكرته. لكن لم يتحمّس أحد منهم لفكرة ربط علامته التجارية بفرقة هيفي ميتال.

فبراير

السبت

أعتقد أنّ كلّ تلك الحفلات التي أقامتها فرقة رودريك لم تكن مضيعة للوقت في نهاية المطاف، لأنّ كثيراً من الناس باتوا يعرفون الآن من هي الحيفاض المومتلئ. واليوم، تمّت دعوتهم للعزف في مهرجان موسيقي سيقام بعد أسابيع قليلة.

ينظَّم مهرجان عشّاق الروك في الهواء الطلق. وخلاله، تعزف مجموعة من الفرق الموسيقية أمام آلاف الأشخاص. وقد طغت الحماسة على أعضاء الفرقة لأنّهم كانوا يحضرونه كمشجّعين لسنوات.

الجانب السلبي الوحيد أنّ المهرجان لا يدفع للفرق الموسيقية الكثير مقابل أدائها، لذلك يتعيّن عليهم كسب المال بطرق أخرى.

والطريقة التي تخطّط بها الحيفاض الوومتلئ لكسب المال تتمثّل في بيع كمية كبيرة من السلع.

يقول رودريك إنّ كلّ فرقة تقدّم عرضاً في مهرجات عشّاق الروك تُخصّص لها طاولة سلع في موقف السيّارات. وبحسب رأيه، فإنّهم يتقدّمون على بقيّة الفرق في المنافسة بفضل شاحنة الآيس كريم التي يتنقّلون بها.

غير أنّ المشكلة تكمن في أنّ الفرقة لا تملك سلعاً في الأساس، وليس لديهم متّسع من الوقت لابتكار سلع خاصّة بهم. لذلك راحوا يسعون جاهدين لمعرفة ما يمكنهم تحضيره في الأسابيع الثلاثة المقبلة.

أراد درو صنع دمى، واقترح أن يكون لديهم واحدة لكلّ عضو من أعضاء الفرقة.

لكنّ ماكي صبّ كلّ تركيزه على نوعية القماش، وقال إنّه سيسعد كثيراً بامتلاك دمية تمثّله مصنوعة من كيس فاصولياء.

أمّا بيل فرأى أنّ دمية القماش طفولية جدّاً. وأراد بدلاً من ذلك صنع غطاء سرير كامل للجماهير الأكبر سنّاً.

قال رودريك إنّه عندما كانت فرقة ميتاليشيواوا في ذروة نشاطها، كانت لديهم فراشي أسنان خاصّة بهم شعيراتها مصنوعة من الشعر الفعلي لأعضاء الفرقة.

لكن أعتقد أنّ بيل يخشى فقدان شيء من شعره، ولذلك لم يبدُ عليه الإعجاب بالفكرة.

أمّا الشيء الذي بثّ الحماسة في الشباب فكانت فكرة ابتكار مشروب طاقة خاصّ بهم. وقد توصّلوا أيضاً إلى اسم لمنتجهم.

اقترح رودريك وضع قطرة من عرق كلّ عضو من أعضاء الفرقة في كلّ عبوة.

إلّا أنّ ماكي اعترض على ذلك قائلاً إنّ أمراً كهذا يستحيل أن يجتاز اختبار إدارة الغذاء والدواء.

بمجرّد أن بدأوا في إجراء أبحاث حول كيفية صنع تلك المنتجات، اكتشفوا أنّها باهظة التكلفة، ولم يكن الوقت كافياً لذلك على أيّ حال. لهذا السبب، قرّروا الاكتفاء باستخدام ملصقاتهم المتبقّية ووضعها على أشياء موجودة في منزلنا.

لكنّني لا أستطيع أن أتخيّل من ذلك الذي سيتخلّى عن أموال جناها بشقّ الأنفس مقابل مكواة مستعملة تحمل ملصق الحيفاض المومتلئ.

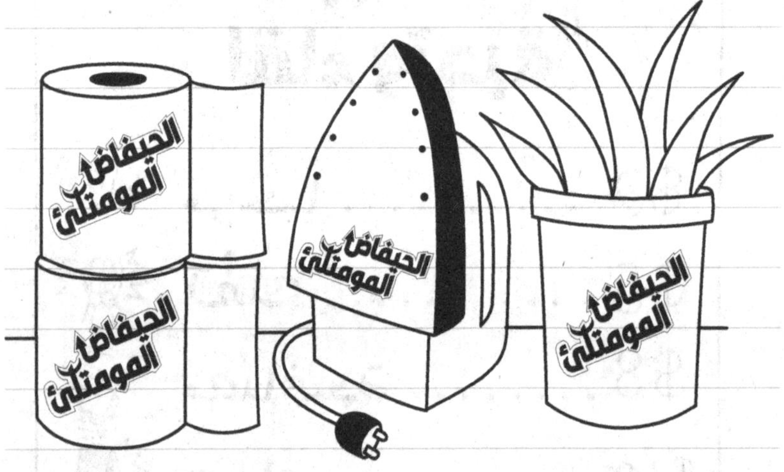

غير أنّ رودريك لن يعتمد فقط على مبيعات تلك السلع لكسب مزيد من المال.

إذ يقول إنّ بعض الفرق الموسيقية تقيم «لقاء» بعد عروضها، يمكن فيه للمعجبين المتحمّسين دفع المال لقاء تمضية الوقت مع المجموعة.

بحسب رودريك، يرغب بعض الناس في إنفاق أموال طائلة لمجرّد الحصول على توقيع وصورة.

لذلك أمضى الشباب بضع ساعات هذه الليلة في ابتكار عروضات لتلك اللقاءات بأسعار مختلفة.

الحيفاض المومتلئ
عروضات
لقاء وتحيّة*

مرحباً	$2
كفّ	$5
مصافحة	$8
سيلفي	$10
توقيع	$15

* الأسعار للفرد الواحد في الفرقة

ارتأى ماكي أن يكون لديهم عرض خاصّ من أجل «معجب شديد الحماسة» بالحيفاض الهومتلئ، مستعدّ لشراء حزمة أغلى ثمناً من أجل الحصول على تجربة أكثر حصرية. ومن هنا توصّلوا إلى عرض الحيفاض الكامل.

الحيفاض الكامل

يشمل كلّ عنصر من عناصر لقاء وتحيّة

★ زائـــــد ★

- ☑ صورة مع كلّ أعضاء الفرقة
- ☑ حديث لمدّة عشر دقائق
- ☑ مشاركة الفرقة بوجبات خفيفة
- ☑ حمل طبول رودريك
- ☑ درس غناء لمدّة نصف ساعة مع بيل

$70

ولكن بصفتي شخصاً أمضى بالفعل كثيراً من الوقت مع الفرقة، يمكنني أن القول عن تجربة إنّه ثمّة طرق أفضل لتنفقوا بها أموالكم.

مارس

الأحد

أراد رودريك وزملاؤه الوصول إلى المهرجان قبل بضع ساعات من الموعد المقرّر لأدائهم لكي يتمكّنوا من بيع سلعهم في موقف السيّارات. لكن يبدو أنّ المعجبين يحبّون الوصول إلى هذا النوع من المناسبات في وقت مبكر جدّاً، لأنّه بحلول الوقت الذي وصلنا فيه، كانت جميع الأماكن المميّزة قد احتُلّت أساساً.

وجد الشباب مساحة للشاحنة بجوار الحمّامات النقّالة، ولم يكن ذلك المكانَ الأفضل لبيع سلعهم.

والسبب الوحيد الذي أتاح لهم بيع شيء على الإطلاق أنّ الناس كانوا في أمسّ الحاجة إلى مناديل الحمّام.

قبل ساعة من موعد أداء الحيفاض الوممتلئ، أفرغنا جميع المعدات من الشاحنة، ونقلناها إلى المنصّة الرئيسة.

لكن تبيّن أنّه لم يكن من المقرّر أن تصعد الحيفاض الوممتلئ على المسرح الرئيس، الأمر الذي سبّب خيبة أمل كبيرة للشباب. كان من المفترض بدلاً من ذلك أن يقدّموا أداءهم على المسرح الأصغر حجماً، الواقع على الجانب الآخر من أرض المهرجان.

لم يكن لدينا متّسع كبير من الوقت قبل الموعد المحدّد للفرقة، لذلك جمعنا معدّاتنا وتوجّهنا إلى هناك بأسرع ما يمكن. غير أنّه لم يكن ثمّة حاجة للعجلة، لأنّنا لم نجد عدداً كبيراً من المعجبين الذين ينتظرون مشاهدة أداء الفرقة على أيّ حال. لا بل كان ثمّة شخص واحد على الأقلّ بدا وكأنّه ليس توّاقاً للتواجد هناك.

على الرغم من خيبة أمل الشباب في عدد الجمهور، إلّا أنّ رودريك لا يزال راغباً في توزيع بعض الحفاضات على الحشد. وقد كلّفني أنا بهذه المهمّة.

لكنّنا لم نكن نملك سوى عدد قليل منها، ولم ننجح في إيجاد واحدة من تلك البنادق المطّاطية.

بمجرّد انتهاء العرض، أراد الشباب حزم أغراضهم والعودة إلى البيت. لكن مع الأسف، كانت أمّي قد اشترت عرض الحيفاض الكامل، ولذلك بقينا عالقين هناك لفترة من الوقت.

الجمعة

بعد مهرجان عشّاق الروك، لم يعد أيّ من أعضاء الفرقة يشعر بالدافع للتدرّب. وكان موعد مباراة النجوم بعد أسابيع قليلة وحسب، لكن أعتقد أنّهم أدركوا جميعاً أنّ فرصهم في الفوز شبه معدومة.

كان رودريك يعتقد أنّ الشيء الوحيد الذي يمكن أن يبدّل الأمور بالنسبة إلى الحيفاض الموتلئ هو حديث حماسيّ من شخص مرّ بتجربة مشابهة في يوم من الأيّام. ويعتقد أنّهم إذا تمكّنوا من الوصول إلى عازف الطبول في فرقة ميتاليشيواوا، سيباستيان سليفز، فإنّ ذلك الرجل قد يمنح الفرقة الشرارة التي تحتاج إليها لاستعادة حماستها.

كان سيباستيان سليفز في الأساس بطل رودريك، وهو يتحدّث دائماً عن مدى عظمته.

بحسب رودريك، أحرق سيباستيان يديه في إحدى المرّات في أثناء شواء الهمبرغر، وكان واضحاً أنّ ميتاليشيواوا ستُضطرّ إلى إلغاء جولتها العالمية.

لكنّ سيباستيان علّم نفسه العزف على الطبول بقدميه، وبذلك لم تفوّت الفرقة أيّاً من حفلاتها. ومنذ ذلك الحين، استمرّ في العزف بتلك الطريقة.

المشكلة الوحيدة في إمكانيّة العثور على هذا الرجل أنّه لا يريد أن يتمّ العثور عليه على ما يبدو. فبعد أن أجرى تلك المقابلة الأخيرة مع المجلّة، اختفى عملياً عن وجه الأرض، ولم يسمع عنه أحد شيئاً منذ ذلك الحين.

لكنّ رودريك جعل مهمّته العثور على سيباستيان سليفز. وفي الآونة الأخيرة، كان يمضي وقته في تصفّح المقالات وصور المجلّات القديمة ليرى ما إذا كان بإمكانه العثور على أيّ أدلّة قد توصله إلى مكان سيباستيان حاليّاً.

وصل رودريك إلى عدد من الطرق المسدودة، لكنّ فكرةً عبقريّة خطرت ببال ماكي الليلة الماضية. قال إنّه إذا أراد أيّ كان بناء حمّام سباحة، فيجب أن يحصل على تصريح، والتصاريح جزء من السجلّ العامّ.

هكذا بدأ الشباب في البحث عن جميع تصاريح المسابح التي تمّ إصدارها في وقت قريب من زمن التقاط الصورة الأخيرة لسيباستيان. وعلى الرغم من وجود كثير من المسابح التي بنيت في ذلك العام، إلّا أنّ واحداً فقط كان على شكل رأس كلب شيواوا.

بحث الشباب عن صورة أقمار صناعية للمنزل، فوجدوه محاطاً بسور عالٍ. لذا بدا لهم أنّه من الأماكن التي قد يعيش فيها نجم روك سابق.

فاتّفقوا جميعاً أنّه عند وصولهم إلى المنزل، لا يمكنهم ببساطة عبور البوّابة الأمامية وقرع جرس الباب. فاقترح درو تسلّق السور والتسلّل إلى الداخل. ولكن، دائماً ما يستخدم المشاهير كثيراً من تدابير الأمان، لذا بدت لي هذه الخطّة مخيفة.

هنا، اقترح بيل انتظار خروج سيباستيان من البوّابة، وإلقائه داخل الشاحنة. ولكن لم يكن أيّ من الشباب متأكّدين ممّا إذا كان هذا العمل قانونياً في الواقع.

ولمّا لم يتمكّنوا من الاتّفاق على خطّة، قرّروا حلّ المسألة عندما يصلون إلى هناك.

عادةً ما أحبّ أن أتبع الفرقة أينما ذهبَت، ولكنّني قرّرت هذه المرّة عدم مرافقتهم. ومع أنّني كنت أعلم أنّه مهما يحدث، فإنّه سيشكّل على الأرجح فصلاً جيّداً في كتابي، إلّا أنّني لم أشعر أنّ الأمر يستحقّ دخول السجن.

السبت

أنا سعيد لأنّني وثقت بحدسي هذه المرّة. فعندما أخبرني رودريك بكلّ ما جرى اليوم، فرِحت لأنّني لم أضطرّ لعيش التجربة شخصياً.

غادرت الفرقة في وقت مبكر من هذا الصباح، وعندما وصلوا إلى المنزل الذي رأوه في صورة القمر الصناعي، أدركوا أنّهم قصدوا المكان المناسب.

جلسوا هناك لفترة من الوقت يفكّرون في ما يمكنهم القيام به. لكن بينما كانوا يتجادلون حول خطوتهم التالية، اقترب موظّف توصيل الطعام من البوّابة، ووضع كيساً من يده على الأرض، ثمّ مضى في سبيله.

بعد دقيقة، فُتحت البوّابة، وهناك وقف سيباستيان سليفز بلحمه ودمه. الفرق الوحيد أنّه بدا أكبر بخمسة وعشرين عاماً ممّا كان عليه في صورة المجلّة.

ترجّل رودريك من شاحنة الآيس كريم، وفي تلك اللحظة، رآه سيباستيان. وأعتقد أنها لم تكن المرّة الأولى التي يظهر فيها عشّاق ميتاليشيواوا أمام منزله، لأنّه سارع عائداً إلى الداخل، قبل أن يتمكّن الشباب من الاقتراب منه أكثر.

ابتعد سيباستيان، لكنّ رودريك راح يصرخ طالباً منه التوقّف. قال له إنّهم لم يأتوا من أجل أخذ توقيعه، بل يريدون التحدّث معه وحسب.

ولا بدّ أنّ سيباستيان أراد سماع ما يريد رودريك قوله، لأنّه وقف هناك وراح يتناول الهمبرغر.

أخبره رودريك أنّهم جميعاً من عشّاق ميتاليشيواوا ويحاولون السير على خطى الفرقة. وسأل عمّا إذا كان لدى سيباستيان نصيحة يقدّمها لهم لكي تصل الحيفاض الوممتلئ بدورها إلى القمة.

استغرق سيباستيان بعض الوقت لإنهاء غدائه من البرغر والبطاطا المقلّية، ثمّ ضغط على أحد الأزرار وفتح البوّابة. فلم يصدّق أيّ منهم ما كان يحدث.

تبع الجميع سيباستيان إلى منزله، وعلى الرغم من أنّ القصر كان لا يزال مثيراً للإعجاب، إلّا أنّه بدا وكأنّه شهد أيّاماً أفضل.

توقّف سيباستيان عند المسبح، الذي لم يعد يقارَن بالصورة التي رأوها في المجلّة، ثمّ أعطى الشباب بعض أدوات التنظيف.

قال إنّه سيسرّه التحدّث إليهم بينما يقومون بتنظيف المسبح. لذلك انصرف الشباب إلى العمل، بينما كان سيباستيان يشرب المياه الغازية على لوح الغوص.

أخبر سيباستيان الشباب أنّه عندما أفلست الفرقة، اضطرّ لبيع جميع سيّاراته الفاخرة ومقتنياته الثمينة لدفع الضرائب المترتّبة على المنزل. وعندما استنفد تلك الأموال، قطعت الحكومة عنه الماء والكهرباء.

لذلك كان يعيش على رَيع شيكات الملكية الفكرية الزهيدة التي تأتيه من برنامج جراء «ميتاليشيواوا»، والذي يبدو أنّه لا يزال يُعرض في الدنمارك.

غير أنّ رودريك لم يكن مهتمّاً حقّاً بسماع قصّة هذا الرجل، لذلك حاول تغيير الموضوع بسؤاله عن النصيحة التي يمكن أن يقدّمها للحيفاض المومتلئ.

أعتقد أنّ رودريك كان يأمل أن يعطيهم سيباستيان الحافز الذي يتمنّونه، لكن ما حدث كان العكس تماماً. إذ قال إنّه في الوقت الحاضر ما من مكان على الراديو لفرقة تكتب أغانيها بنفسها وتعزف موسيقاها.

لذلك، إذا أرادت فرقة الحيفاض المومتلئ تحقيق النجاح، فعليها أن تتخلّى عن أدواتها الموسيقية، وتتعلّم كيف تزامن حركة الشفاه، وتوظّف مصمّماً للرقص.

أضاف سيباستيان أنّه من المستحيل عمليّاً تحقيق نجاح يذكر في سوق الموسيقى على أيّ حال، لذا فإنّ أفضل نصيحة يمكن أن يقدّمها للشباب هي ترك العمل حاليّاً والتركيز على تعليمهم بدلاً من ذلك.

أمّا إذا لم يفعلوا، فقد ينتهي بهم الأمر مثله، ويعيشون في منزل فخم مع حمّام سباحة من دون كهرباء أو مياه.

أعتقد أنّ رحلة العودة كانت طويلة بالنسبة إلى الشباب، لأنّهم عندما وصلوا إلى منزلنا، لم يكن أحد منهم في مزاج للثرثرة. ولم يرغبوا سوى في العودة إلى منازلهم والاستحمام للتخلّص من رائحة المواد الكيميائية التي علقت بهم في حوض السباحة.

الثلاثاء

بعد تلك الرحلة إلى منزل عازف الطبول، كان رودريك والشباب في حالة اضطراب عميق. فما قاله سيباستيان أزعجهم حقّاً، حتّى إنّهم فكّروا جدّيّاً في الأخذ بنصيحته والتخلّي عن الموسيقى.

ويبدو أنّ ذلك كان مصدر ارتياح بالنسبة إلى ماكي، الذي كانت درجاته في الحضيض بسبب الفرقة. وكان درو يفكّر في تولّي وظيفة أخيه في قسم الأطعمة الجاهزة، بينما تحدّث بيل عن مدى روعة الحصول على مزيد من وقت الفراغ لقضائه مع جدّته.

أمّا بالنسبة إلى رودريك، فلم يكن نسيان أمر الفرقة خياراً مطروحاً. قال إنّهم لا يجب أن يصغوا إلى ما قاله عازف روك سابق، لأنّ هذا الرجل يشعر بالمرارة بسبب فشله.

قال رودريك إنّ سبب تفكّك ميتاليشيواوا أنّهم أصبحوا تماماً عكس ما يدعون إليه. وما دامت الحيفاض المومتلئ متماسكة، فلا يمكن لشيء أن يقف في طريقها.

أعتقد أنّ الشباب استلهموا من خطاب رودريك، لأنّه اتّفقوا معه جميعاً فجأة. قال بيل إنّ الحيفاض المومتلئ قد تصبح أكثر شهرة ممّا كانت عليه ميتاليشيواوا، لا بل ربّما أهمّ فرقة على الإطلاق.

قال ماكي إنّهم إذا أرادوا أن يكونوا أهمّ فرقة على الإطلاق، فسيتعيّن عليهم القيام بشيء لم يفعله أحد من قبل.

لذلك اقترح درو إقامة حفلة موسيقية في الفضاء الخارجي، الأمر الذي أثار حماسة جميع الشباب، على الرغم من أنّ أيّاً منهم لم يكن يملك فكرة عن كيفية تنفيذها.

قال بيل إنّ بإمكان الحيفاض المومتلئ إقامة متنزّه خاص بها، حتّى إنّه خرج ببعض الأفكار التي أحبّها الجميع.

لكنّ روديك رأى أنّ بيل كان يفكّر على مستوى محدود للغاية. واقترح أن يكون لفرقة الحيفاض الموملئ منتزهاً خاصّاً بها. حتّى إنّ الشباب رسموا خارطة مفصّلة للمتنزه.

قال ماكي إنّهم سيجنون كثيراً من المال من منتزههم الترفيهي، حتّى إنّهم سيتمكّنون من تحمّل كلفة تدمير أدواتهم الموسيقية في نهاية كلّ عرض، تماماً كما اعتادت فرقة ميتاليشيواوا أن تفعل.

وهنا خطرت لبيل فكرة أكثر جنوناً. إذ اقترح عليهم بناء رضيع آليّ عملاق يخرج خلال الأغنية الأخيرة. وعندما تنتهي الحفلة الموسيقية، يدمّر الآلات بأكملها. ورأى الجميع أن هذه أفضل فكرة حتّى الآن.

قال دروإنّ بإمكانهم تحويل الطفل إلى وسيلة نقل لأعضاء الفرقة، يستخدمونه للتجوّل.

ومع أنّ الشباب كانوا شديدي الحماسة لأفكارهم، إلّا أنّ تنفيذ فكرة الطفل الآلي العملاق سيتأخّر بانتظار توفّر قليل من المال. وحاليّاً، سيتعيّن عليهم الاكتفاء بما يجدونه في متجر الملابس التنكّرية.

السبت

منذ أن قـرّرت فرقة الحيفاض الهومتلئ عدم الاستسلام، صبّ أفرادها كلّ تركيزهم على الاستعداد لمباراة النجوم. لكن اتّضح أنّهم سيواجهون بعض المنافسة.

مؤخّراً، بدأت فرقة جديدة بنشر ملصقاتها في جميع أنحاء البلدة. ويبدو أنّ لدى هؤلاء الشباب كثير من القواسم المشتركة مع الحيفاض الهومتلئ.

انزعج رودريك وبقيّة الشباب للغاية لأنّ فرقة جرابيع لم تكن برأيهم سوى تقليد للحيفاض الموحلئ. حتّى إنّهم سرقوا فكرة الفرقة مع الملصقات.

لكنّ الأمر الذي أثار استياء رودريك حقّاً أنّ أعضاء جرابيع عثروا لأنفسهم على راعٍ، وكانت إحدى لوحاتهم الإعلانية معلّقة على مخرج الطريق السريع مباشرةً.

لم يقتصر الأمر على ملصقات جرابيع واللوحات الإعلانية الموزّعة في كلّ مكان، بل تعدّاها إلى موسيقاهم أيضاً. إذ يبدو أنّه لا يمكنكم الذهاب إلى أيّ مكان من دون سماع إحدى أغانيهم.

وقد بات لديهم بالفعل عدد هائل من المتابعين على وسائل التواصل الاجتماعي، فضلاً عن جيش من المعجبين يطلقون على أنفسهم اسم «عشّاق الجرابيع»، ويبدو عليهم أنّهم شديدو الحماسة للفرقة.

شعر رودريك بالتوتّر من أن تسرق جرابيع وهج الحيفاض الهومتلئ في مباراة النجوم، لذلك اقترح عليهم حضور أحد عروضها ليروا حجم التهديد الذي تمثّله.

لكنّ رودريك لم يرغب في أن يتعرّف عليهم أحد في الحفلة الموسيقية، فقرّر أن يذهبوا متنكّرين. لكن لسوء الحظّ، كانت جميع الأزياء التنكّرية الجيّدة قد نفدت من المتجر، لذا، تحتّم عليهم الاكتفاء بالموجود.

أعتقدُ أنّ الشباب كانوا يأملون في أن ترقى جرابيع إلى مستوى اسمها، ولكن من الواضح أنّ أعضاء الفرقة كانوا بارعين حقّاً. عزفت الفرقة لمدّة ساعتين من دون استراحة، وحافظت على طاقتها العالية طوال الوقت.

كان المشجّعون يحفظون كلمات جميع الأغاني، وثار غضب رودريك عندما شاركهم بيل الغناء.

حتّى إنّ جرابيح استخدمت آلة تصدر رائحة كريهة، قام أفرادها بتشغيلها عندما عزفوا أغنيتهم الأكثر شعبية «شمّة لتحلو اللمّة». ومن الرائحة التي كانت عالقة بملابس رودريك عندما عاد إلى المنزل هذه الليلة، أظنّ أنّهم حمّلوا الآلة بالبيض الفاسد.

بدا وكأنّ الأمور لا يمكن أن تسوء أكثر من ذلك بالنسبة إلى الحيفاض الومتلئ. أمّا الشخص الوحيد الذي استمتع بوقته فكان بيل، الذي غادر الحفلة مع مجموعة من الجرابيح.

السبت

الآن بعدما عرف رودريك من ستواجه فرقة الحيفاض الومتلئ في مباراة النجوم، أصبح أكثر تركيزاً من أيّ وقت مضى.

قال إنّه إذا أرادت الحيفاض الومتلئ الفوز على فرقة مثل جرابيع، فسيتعيّن عليهم التفوّق عليها. لذلك دعاهم إلى التمرّن مرّتين في اليوم، صباحاً ومساء.

لكن أعتقد أنّ الجدول الجديد أرهق بيل حقّاً، فكان يسرق قيلولة سريعة خلال عزف ماكي المنفرد على الغيتار.

في الواقع، كان رودريك يرهق بيل أكثر من غيره. فبرأيه، لكي تفوز الحيفاض الهومتلئ، عليهم أن يحافظوا على طاقة عالية خلال المنافسة. لذلك فرض على بيل اتّباع نظام غذائي وبرنامج رياضي لمساعدته على استعادة لياقته.

غير أنّ رودريك اكتشف أنّ بيل كان يغشّ في نظامه الغذائي الجديد عندما عثر على كومة من علب الكعك المحلّى الفارغة في الجزء الخلفي من شاحنة الآيس كريم.

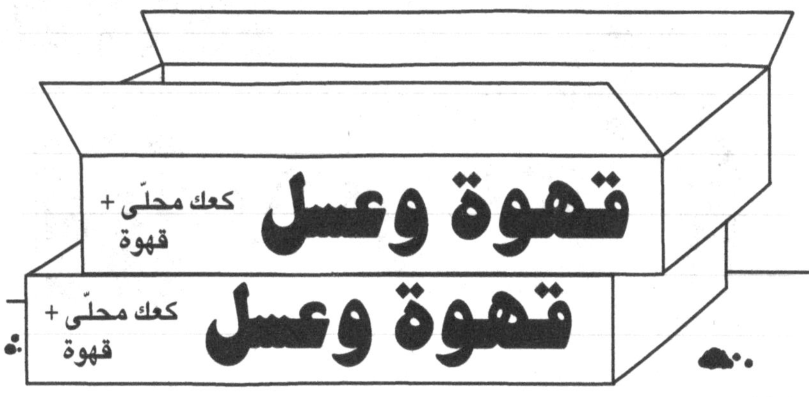

وعندما واجه بيل بشأن الكعك المحلّى، اعترف هذا الأخير أنّه بدأ يزور مقهى قهوة وعسل كلّ صباح قبل التدريب. واعترف أنّه قصد المقهى في البداية لشراء القهوة والكعك المحلّى، ولكنّ سبب عودته المتكرّرة أنّه واقع في الحبّ.

إليكم القصّة كما رواها بيل. قبل بضعة أسابيع، مرّ بيل بمقهى قهوة وعسل. ولكن عندما توقّف عند نافذة الطلبيّات، علقت شاحنة الآيس كريم تحت اللافتة المعلّقة فوق النافذة.

قال بيل إنّ السماء كانت تمطر في ذلك اليوم، ولم يرغب في أن يتعرّض للبلل بخروجه من الباب المجاور.

هكذا قرّر الزحف من الشاحنة عبر نافذة الطلبيّات. وهناك وجد نفسه وجهاً لوجه أمام مساعدة المدير، بيكي، للمرّة الأولى.

بحسب بيل، كان حبّاً من النظرة الأولى، وهما يتواعدان منذ ذلك الحين. ثمّ أضاف أنّه لم يعد قادراً على الاستمرار في التمرّن مرّتين في اليوم لأنّ مناوبة بيكي تنتهي عند الساعة 6:00 مساءً، وهو يرغب في تمضية الوقت معها في المساء.

هنا قال رودريك إنّ الفرقة تحتاج إلى كلّ الوقت المتاح للتدريب، وبإمكان بيل أن يبدأ بدعوة بيكي إلى التدريبات المسائيّة لكي يتواجدا معاً.

لكن أعتقد أنّ رودريك ندم على قراره على الفور، على الرغم من أنّ بيكي تجلب معها دائماً بضع علب من بقايا الكعك المحلّى إلى التدريب.

في المرّات القليلة الأولى التي حضرت فيها بيكي التدريب، لم تقل الكثير. لكنّها بدأت ترتاح على وضعها الآن، وراحت تقدّم كثيراً من الاقتراحات الهادفة إلى تغيير طريقة عمل الفرقة وأسلوبها الموسيقي.

تعتقد بيكي أنّ لدى الحيفاض الموملئ كثيراً من الأغاني عن الروائح والمراحيض، في حين أنّ معظم الفتيات لا ينجذبن إلى هذا النوع من المواضيع. لذلك ارتأت أن تجعل الفرقة أغانيها أكثر ملاءمة للفتيات.

حتّى إنّها أخذت إحدى الأغاني التي كتبها رودريك وغيّرت كلماتها.

وصل صوتنا
هل ~~فاحت رائحتنا~~؟

وصل صوتنا
هل ~~فاحت رائحتنا~~؟

تسمعين الموسيقى
~~تتعرّقين والهضم عليك عسير~~
و~~التشنّج في معدتك كبير~~
تحرّكين قدميك

وصل صوتنا
هل ~~فاحت رائحتنا~~؟

تصدّقي أذنيك
من الأفضل أن ~~تبدّلي السروال~~
~~كأنني أرى بقعاً تشغل البال~~
لأنّ هذه الموسيقى تريح

وصل صوتنا
هل ~~فاحت رائحتنا~~؟

السمّاعات
لقد ملأنا ~~الخياشيم~~
وأنت ~~تمسحين الجبين~~
تهزّين برأسك

بعد ذلك بدأ بيل بكتابة الأغاني بنفسه. وكان معظمها عبارة عن أغنيات حبّ لصديقته الجديدة.

هذا الصباح، أخبر رودريك بيل أنّ الحيفاض الموملتئ لا تعزف أغانٍ بطيئة، وأنّ عليهم نسيان أمر الأغاني الرومانسية. لكنّ بيل اعترض قائلاً إنّ رودريك يشعر بالغيرة وحسب لأنّه لم يُغرم من قبل، ولا يعرف كيف تكون هذه الأمور.

ليس هذا فحسب، بل قال بيل إنّ بيكي أخبرته أنّه ما دام المغنّي الرئيس، فهو وجه الفرقة. حتّى إنّها صمّمت لهم ملصقاً جديداً احتلّ فيه بيل الجزئين الأمامي والأوسط.

لكن أعتقد أنّ هذا كان زائداً بالنسبة إلى رودريك. إذ أعلن قائلاً إنّه هو الذي أسّس الحيفاض المومتلئ، وإن كان ثمّة من يجب أن يكون وجه الفرقة، فهو الشخص الأنسب بينهم.

ثمّ أعلن رودريك أنّه هو من يتّخذ القرارات، لكونه قائد الحيفاض الوومتلئ. فأخبر بيل أنّ علاقته ببيكي تشكّل مصدر إلهاء كبير، لذا، تنصّ القاعدة الجديدة على عدم السماح لأيّ شخص بمواعدة أحد قبل انتهاء المنافسة.

لم يكن بيل سعيداً بهذا القرار، لكنّه لم يشعر أنّه يملك خياراً آخر، ولذلك وافق على تأجيل علاقته ببيكي. غير أنّ المشكلة الوحيدة أنّه لم يجد الجرأة لإخبارها بنفسه، ولذلك وقع هذا الأمر بطريقة ما على عاتقي.

آمل ألّا أضطرّ لقطع علاقتي بأحد شخصياً بعد اليوم، لأنّ الأمر لم يكن ممتعاً بصراحة.

الاثنين

لم تكن أمور الفرقة على ما يرام منذ الخلاف الكبير الذي وقع بين رودريك وبيل.

أدرك بيل أنّه ارتكب خطأ فادحاً بانفصاله عن بيكي، وفي اليوم التالي حاول إصلاح الأمور. لكنّها امتنعت عن الردّ على مكالماته، ولم تعد تتلقّى طلبيّاته في متجر الكعك.

لذا كان بيل محطّم القلب تماماً، ولم يعد يحضر جميع التمارين.

وحتّى عندما يتمكّن من الحضور، كان يتعذّر عليه إنهاء الأغنية من دون أن ينفجر باكياً.

لم يُبدِ رودريك تعاطفاً حقيقياً مع بيل، بل كان يقول إنّ على الشابّ أن يستجمع نفسه إذا أرادت الحيفاض الموميتلئ الفوز في مباراة النجوم. ولكن يبدو أنّ المنافسة كانت آخر ما يشغل بال بيل.

إذاً، بيل غاضب من رودريك، وبقيّة الشباب في الفرقة غير راضين عن الوضع هم أيضاً. فقد سئم ماكي من التمرّن مرّتين في اليوم، بينما كان درو مستاءً لأنّه أحبّ حقّاً الحصول على ذاك الكعك المجّاني من بيكي.

وفي خضمّ الشجار الذي نشب بين الشباب، نزلت أمّي إلى القبو حاملة رسالة موجّهة إلى رودريك.

من الصفحة الأولى، بدت الرسالة رسمية جدّاً.

تايلور وفيش

محامين
بالاستئناف

عبر البريد المضمون
من جانب المحامي ستيوارت تايلور
تايلور وفيش
مبنى كلارك
400 شارع كانال

كَفُّ عن العمل

كانت الرسالة من محامٍ يدّعي أنّه يمثّل شركة كانت تنشر بطاقات تبادل تسمّى الوحوش البغيضة.

أعتقد أنّ هذه البطاقات كانت تحظى بشعبية كبيرة في طفولة والدَيّ، ولا شكّ في أنّ الشخصيات ترقى إلى مستوى أسمائها.

والسبب في إرسال الرسالة أنّ إحدى شخصيات الوحوش البغيضة كانت تسمّى الحفاض الممتلئ، ويبدو أنّها كانت واحدة من أكثر بطاقاتهم شعبية.

قال المحامي إنّه على الرغم من نفاد مطبوعات الوحوش البغيضة منذ فترة طويلة، إلّا أنّ الشركة ما زالت تملك العلامة التجارية لتلك الشخصيات. وأكّد أنّه إذا لم تغيّر الحيفاض الوومتلئ اسمها، فإنّ الشركة ستقاضي الفرقة لتسبّبها بـ«أضرار مالية».

بعد أن انتهى رودريك من قراءة الرسالة بصوت عالٍ، بدا الشباب في حالة صدمة. لكنّ رودريك أعلن أنّه لن يغيّر اسم الحيفاض الهومتلئ بسبب رسالة سخيفة، وأكّد أنّهم إذا تمسّكوا بموقفهم، فسوف يتمكّنون من التغلّب على هذا التحدّي.

لكن لم يكن لدى أيّ من الشباب الآخرين الجرأة لخوض معركة قانونية باهظة التكلفة، وبدَوا سعداء بترك رودريك يتعامل مع هذه المسألة بمفرده.

الجمعة

لم أكن لأتخيّل أنّ شركة بطاقات تبادل ستكون هي سبب تفكّك فرقة الحيفاض المومتلئ، ولكن يبدو أنّ هذا ما حدث بالضبط.

فمنذ أن استلم رودريك تلك الرسالة، ابتعد بقيّة الشباب عن منزلنا تماماً. لم يعد يفصلنا الآن سوى أسبوع واحد عن موعد مباراة النجوم، لذلك، كان رودريك يحاول تجنيد أعضاء جدد في الفرقة لملء الأماكن الشاغرة.

لم يحضر أحد في الجولة الأولى من تجارب الأداء، لذلك علّق رودريك ملصقاً جديداً وَعدَ فيه ببيتزا مجّانية لمن يحضر.

على الرغم من أنّ الإعلان الجديد دفع أشخاصاً للمجيء إلى منزلنا، إلّا أنّه اجتذب على ما يبدو محبّي البيتزا أكثر من الموسيقيين الفعليين.

كان لدى مجموعة من الأشخاص الذين حضروا بعض المواهب الموسيقية، لكن لم يبد أيٌّ منهم مناسباً لأسلوب الحيفاض الومتلئ الموسيقي. وما لم يبدأ رودريك بكتابة أغانٍ تناسب الهارمونيكا والغلوكنسبيلز، فسيتعيّن عليه مواصلة البحث على الأرجح.

لكنّ أكثر ما شغل بال رودريك كان ملء منصب المغنّي الرئيس في الفرقة، لأنّه من الصعب إيجاد كثير من الأشخاص القادرين على غناء الطبقات المرتفعة في أغنية «بَجّ الحيفاض»، والطبقات المنخفضة في أغنية «صرصور في المجرور».

غير أنّ الحيفاض الومتلئ لم تكن الفرقة الوحيدة التي تبحث عن مغنٍّ رئيس جديد.

فقد ذاع خبر انفجار الحبال الصوتية للمغنّي الرئيس في فرقة جرابيع خلال أحد عروضهم، وراحوا يسعون الآن جاهدين للعثور على بديل هم أيضاً.

ومن منشوراتهم، يبدو أنّهم على استعداد لتقديم أكثر بكثير من بضع شرائح من البيتزا لكي يخرج الناس ويشاركوا في تجارب الأداء.

أبريل

الأربعاء

حسناً، لم تستغرق فرقة جرابيع وقتاً طويلاً للعثور على مغنّيها الرئيس الجديد. وأعتقد أنّه لا ينبغي أن أفاجأ كثيراً بهويّة الفائز بالمنصب.

الأمر الوحيد الذي فاجأني بالفعل هو ما اضطرّوا لفعله للاستحواذ على ذلك الشابّ. فبالنظر إلى ملصقهم الجديد، أظنّ أنّ بيل وبيكي أتيا كصفقة شاملة.

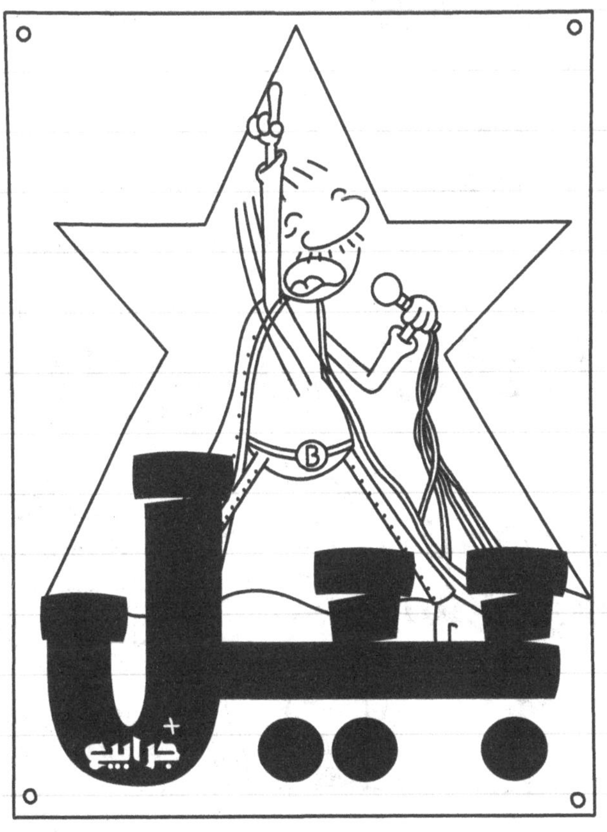

والآن وقد أصبح بيل عضواً في فرقة جرابيع، بدا رودريك أكثر هوساً بالفوز بالمباراة. وأعتقد أنّه مستعدّ لفعل أيّ شيء تقريباً لنيل الجائزة الأولى.

المشكلة أنّه لم يجد حتّى الآن أشخاصاً يحلّون محلّ أعضاء فرقته السابقين. لذلك انتقل إلى الخطّة ب، والتي تشملني مع الأسف.

في الواقع، لم تشملني أنا فقط، بل كان كلّ من شقيق درو، ووارد صديق رودريك، جزءاً من الخطّة أيضاً. وعلى الرغم من أنّ أحداً منّا لا يتمتّع بموهبة موسيقية، إلّا أنّ رودريك اعتقد أنّه يستطيع تدريبنا لعزف أغنية «فاض الحيفاض» عند حلول موعد المسابقة. لكن بعد ثلاثة أيّام من التمارين، لم تكن الأمور تبشّر بالخير.

قال رودريك إنّ فرقة موسيقى الروك أند رول تقوم على 20٪ موهبة و80٪ سلوك. لذلك حاول تعليمنا نحن الثلاثة كيف نبدو وكأنّنا ننتمي إلى خشبة المسرح.

حتّى إنّ أمّي اشترت لنا ملابس من أجل العرض، وأؤكّد لكم أنّه من المستحيل أن يرتديها أحد منّا.

لذا، كنت أدعو في هذه المرحلة أن يتوصّل رودريك إلى الخطّة «ج» لا أكون جزءاً منها.

السبت

عندما استيقظت هذا الصباح، تذكّرتُ فوراً أنّ هذا اليوم هو موعد مباراة النجوم.

كنت قد قرّرت عدم المشاركة فيها، وكان هدفي الابتعاد قدر الإمكان عند بدء المنافسة. لكن لا بدّ أنّ رودريك شعر أنّني سأتملّص منه، لأنّه حاصرني وأحبط محاولة الهرب.

وصل شقيق درو ووارد إلى منزلنا بعد الغداء مباشرة للمساعدة في تحميل المعدّات في شاحنة رودريك. لكنّني تمنّيت حقّاً لو كان رودريك قد أصلح تلك الأبواب الخلفية، لأنّه لم يكن من السهل إطلاقاً إدخال كلّ شيء في الشاحنة.

في طريقنا إلى مكان المنافسة، انتابني إحساس بالغثيان. بالكاد استطعت العزف على وترين من أوتار الغيتار، ولم يتذكّر وارد سوى نصف كلمات «فاض الحيفاض». وأعتقد أنّ شقيق درو كان متوتّراً بشأن الأمر برمّته هو الآخر، لأنّه أحتاج إلى التنفّس في كيس ورقي لكي لا يفقد وعيه.

مع ذلك، أكّد لنا رودريك أنّنا سنكون بخير بمجرّد صعودنا على خشبة المسرح، وأنّه ما علينا سوى أن نثق به.

بحلول ذلك الوقت، كنّا ندخل ساحة المباراة، ولم يعد من الممكن العودة إلى الوراء.

كان الناس يبيعون بضائعهم في الساحة، وكان لدى فرقة جرابيع طاولة كبيرة بالقرب من المدخل. وبطريقة ما، نجحت بيكي في صنع دمى تمثّل أعضاء الفرقة في الوقت المناسب من أجل هذا اليوم.

لكن لم تكن بيكي الوجه الوحيد المألوف في الساحة. إذ كان لدى وارويك سبرينتر طاولة هناك هو الآخر، لكن لا يبدو أنه كان ثمّة طلب كبير على بضاعته.

كنّا نبحث عن مدخل الكواليس عندما رأى رودريك شخصاً آخر سبق أن رأيناه. لا أعرف حقّاً ما الذي كان يفعله رجل أمن سيّد قشطة على هذه المسافة من المطعم، ولكن بالطبع، لا نيّة لديهم للذهاب إليه وسؤاله.

وجدنا أخيراً طريقنا إلى الكواليس، التي كانت تعمّها فوضى عارمة. كانت معظم الفرق الموسيقية قد وصلت واحتشدت في مساحة ضيّقة جدّاً على هذا العدد الكبير من الأشخاص.

دخلت فرقة جرابيع قبل بضع دقائق من بدء المنافسة. ولا بدّ من القول إنّهم استحقّوا اسمهم فعلاً، لأنّ رائحة كريهة كانت تفوح منهم كما لو أنّهم لم يستحمّوا منذ أسابيع.

من الواضح أنّ رودريك أراد الذهاب إلى بيل وقول شيء له، لكنّ الصحفيين احتشدوا حوله، ولم يستطع رودريك الاقتراب منه. على أيّ حال، من الواضح جدّاً أنّ بيل أراد الحفاظ على صوته لوقت الأداء.

عُلّقَت شاشة في أحد أركان الغرفة تعرض قائمة بجميع الفرق الموسيقية، وذلك بالترتيب الذي كان من المقرّر أن تصعد فيه كلّ منها على المسرح.

وقد شعرتُ بخيبة أمل كبيرة لأنّ الحيفاض الهومتلئ تحتلّ أسفل القائمة. فكلّ ما أردته في تلك المرحلة كان الانتهاء من هذه المسألة والعودة إلى البيت.

لم تكن الحيفاض الهومتلئ الفرقة الوحيدة التي ستقدّم أداءها في نهاية المنافسة، بل كان من المقرّر أن تصعد جرابيع على المسرح قبلنا تماماً.

هذا يعني أنّه سيتحتّم علينا التسكّع مع بيل وزملائه الجدد خلف الكواليس، وهو ليس بالأمر المريح حقّاً. لذلك عندما بدأت المباراة، قرّرتُ الخروج من الباب الجانبي ومشاهدة العرض من الأجنحة.

كان قد احتشد ما لا يقلّ عن ألف شخص لمشاهدة المباراة، الأمر الذي سبّب لي الغثيان من جديد. وبدأ الصخب حتّى قبل بدء العروض.

عندما صعدت الفرقة الأولى على خشبة المسرح، أصيب الجمهور بالجنون التامّ، ولم يهدأوا لبقيّة الليل.

بدت كلّ الفرق الموسيقية متشابهة بالنسبة إليّ، لكنّ الجمهور لم يمانع في ذلك. كان الجميع يمضون وقتاً ممتعاً، بمن فيهم رجل الأمن لدى سيّد قشطة، الذي يبدو أنّه أتى إلى الحفل كمشجّع.

كانت الفرق كلّها أكثر احترافاً بكثير من الحيفاض الموملئ، وأعتقد أنّ معظم هؤلاء الشباب يمارسون الموسيقى بدوام كامل. لذا يمكنني القول إنّنا خرجنا من المنافسة منذ الآن.

فكّرت في الفرار هارباً لأنقذ ماء وجهي قبل أن أضطرّ للصعود على المسرح، ولكن في تلك المرحلة لم يكن من الصواب أن أدير ظهري لرودريك.

عرفت أنّ موعد أداء الحيفاض الموملئ قد أزف عندما صعدت فرقة جرابيع على المسرح. وكنت أتخيّل أنّهم سيخرجون أمام الجمهور ويبدأون بعزف إحدى أغانيهم الأكثر شعبية، لأنّ ذلك كان سيثير جنون الحشد حتماً. لكن ما حدث أنّ بيل خرج بمفرده، وجلس إلى البيانو.

وعندما بدأ بعزف أغنية رومنسيّة، بدا الجمهور في حالة صدمة ولم يعرف كيف يتفاعل معه.

لكنّ ذاك كان مجرّد تكتيك، لأنّ بقيّة أعضاء الفرقة ما لبثوا أن صعدوا على خشبة المسرح، وانطلقوا في عزف نسخة ميتال سريعة من أغنية «بيكي».

كان الجمهور في حالة جنون تامّ، فعرفتُ في تلك اللحظة أنّ جرابيع وضعت الجائزة في جيبها. وكان ذلك قبل أن تبدأ بيكي بإلقاء الكعك المحلّى للجمهور.

لكن كان ينبغي أن أكون أكثر حرصاً بقليل بشأن مدى قربي من الحشد، لأنّني وجدت نفسي فجأة جزءاً منه.

أعتقد أنّني سمحت لنفسي بالانجراف في غمرة الحماسة، لأنّني نسيت فجأة أنّه يفترض بي أن أصعد على المسرح في الفقرة التالية. ولكن عندما رأيت رودريك عند باب المسرح، تذكّرت سبب وجودي هناك.

كانت لدينا دقيقة واحدة للاستعداد وراء الكواليس، لذلك حاولت أنا والشابّين الآخرين إقناع رودريك بقبول الهزيمة وترك جرابيع تفوز بالمسابقة.

لكنّ رودريك كان عنيداً جدّاً ولم يقبل بالانسحاب من دون قتال. هكذا، عندما أعلن المذيع اسم الحيفاض المومتلئ، تبعنا نحن الثلاثة رودريك على المنصّة.

الحيفاض المومتلئ

كانت أضواء المسرح ساطعة لدرجة أنّني لم أستطع أن أرى شيئاً وراء الصفوف الثلاثة الأولى من الجمهور. لكنّ نظري وقع على رجل الأمن من سيّد قشطة، ويمكنني الجزم أنّه تعرّف عليّ.

أردت أن ألوذ بالفرار، ولكنّني شعرت أنّني محاصر هناك. وعندما بدأ رودريك يعزف مقدّمة «فاض الحيفاض» على الطبول، عرفت أنّه عليّ أن أتماسك وألتزم الصمت خلال الدقائق الثلاثة التالية.

بعد ذلك، حدث أمر غريب. فعندما بدأتُ العزف على أوتار الغيتار كما علّمني رودريك، بدوت أفضل بكثير ممّا كنت عليه خلال التمارين. وكان شقيق درو قد تحسّن بشكل كبير هو الآخر.

لكن عندما فتح وارد فمه ليغنّي، كان صوت بيل هو الذي خرج من مكبّرات الصوت. وفجأة، أصبح كلّ شيء منطقياً.

كان رودريك قد قام بتوصيل مشغّل الموسيقى الخاصّ به بنظام الصوت، وما كان يصدر عن مكبّرات الصوت كانت نسخة «فاض الحيفاض» التي قام الشباب بتسجيلها في ذلك الاستوديو في ديسمبر الماضي.

هذا يعني أنّني وشقيق درو كنّا نتظاهر بالعزف وحسب، بينما كان وارد يحرّك شفتيه بحسب غناء بيل.

وبمجرّد أن أدرك وارد أنّه ليس مضطرّاً للغناء فعلاً، بدأ يستمتع حقّاً بوقته.

ولا يبدو أنّ أحداً في الحشد لاحظ أنّ أداءنا كان مزيّفاً. هكذا، بدأتُ أستمتع قليلاً أنا الآخر.

أي نعم فاض الحيفاض
وعليكم بالهريبة
قبل حلول المصيبة!

لا يمكنني حقّاً أن ألوم روديك لاستخدامه أغنية مسجّلة مسبقاً خلال المباراة. فحتّى لو تسنّى لنا التدرّب لثلاثة أشهر متتالية، ما كنّا لنتمكّن أبداً من تحقيق الفوز.

إذاً، كان كلّ شيء يسير على ما يرام، واعتقدت أنّنا قد نملك فرصة لكسب هذه المعركة. ولكن فجأة، انهار كلّ شيء على رؤوسنا.

في منتصف الأغنية، توقّف بيل عن الغناء وبدأ يسعل. لم يعرف وارد ماذا يفعل، لذلك حاول مواكبة ما يجري قدر المستطاع.

أدركت هنا أنّ رودريك شغّل عن طريق الخطأ النسخة الأولى من الأغنية التي قاموا بتسجيلها، وذلك بعد أن علقت ريشة الغيتار في حلق بيل.

كان الوقت قد فات على الانتقال إلى النسخة السليمة من الأغنية. وعندما صدر صوت بيل عبر مكبّرات الصوت وهو يشرب الماء، لاحظ الحشد أخيراً أنّه ثمّة خطب ما.

بدا لنا أنّ الوقت أصبح مناسباً لنتوارى عن الأنظار، لكنّنا لم نتمكّن من مغادرة المسرح لأنّ شخصاً ما وقف في طريقنا.

أتى إلينا رجل يرتدي بدلة ويحمل ظرفاً سلّمه إلى رودريك.

اتّضح أنّ هذا الرجل كان محامي شركة بطاقات التبادل تلك، وقد أتى لتسليم رودريك بلاغاً رسمياً يفيد أنّ شركته قرّرت مقاضاة الحيفاض الموملئ.

ثمّ ازدادت الأمور غرابة عندما صعد رجل الأمن في مطعم سيّد قشطة فجأة على خشبة المسرح، وبدأ يقترب بسرعة.

تجمّدت في مكاني، لأنّني لم أعرف ما إذا كان هذا الرجل ينوي القبض عليّ أم ماذا.

لكنّ رجل الأمن مرّ من أمامي وتوجّه إلى المحامي، ثمّ بدأ يتجادل معه حول أمر ما. وبعد ثوانٍ قليلة، قفز سيباستيان سليفز من بين الحشد للمشاركة في الحديث.

لم تكن لديّ أدنى فكرة عمّا يجري. ولكن عندما ظهر وارويك سبرينتر آتياً من خلف الكواليس، وانضمّ إلى الثلاثة الآخرين، بدأت أفهم قليلاً.

كان الشباب الأربعة الذين وقفوا على خشبة المسرح الأعضاءَ الأصليين في فرقة ميتاليشيواوا.

وأعتقد أنّه كان لديهم كثير من الأمور التي يحتاجون إلى إخراجها من صدورهم، لأنّ الجدال أصبح ساخناً بالفعل.

بعد قليل، أدرك الحشد أنّهم يشهدون أوّل لمّ شمل لفرقة ميتاليشيواوا منذ خمسة وعشرين عاماً، وسرعان ما ثار جنونهم.

أعتقد أنّ كلّ تلك الهتافات فاجأت أعضاء ميتاليشيواوا، لأنّهم توقّفوا فجأة عن الكلام. وعندما ارتفعت الهتافات أكثر، عرف الزملاء السابقون ما عليهم فعله.

هكذا حملوا آلاتنا الموسيقية وفجّروا المسرح بعزفهم.

أدّت فرقة ميتاليشيواوا أكثر أغانيها شعبية، ثمّ قدّمت أغنية أخرى. والسبب الوحيد لعدم أداء العازفين أغنية ثالثة أنّهم كانوا قد حطّموا آلاتنا أساساً.

الخميس

هكذا أصبحت ميتاليشيواوا أوّل فرقة تفوز في مباراة النجوم مرّتين. وقد أعادتهم المنافسة إلى القمّة مجدّداً، وهم يخطّطون حالياً للقيام بجولة حول العالم.

سمعت أنّ درو تولّى وظيفة أخيه القديمة في قسم الأطعمة الجاهزة، وتمّ قبول ماكي في كلّية علم الروبوت. إذاً، آمل أن يكتشف أخيراً كيفيّة نزع مخلب ذلك القرد عن ساقه.

بعد المباراة، لم تعد جرابيع بحاجة إلى بيل، فقامت بطرده. لكن لحسن الحظّ، كانت الحيفاض الهومتلئ تبحث عن مغنٍّ رئيس. لذا، أعتقد أنّ هذا الترتيب أفاد الجميع.

يبدو أنّ رودريك لم يعد بحاجة إلى خدماتي حاليّاً، الأمر الذي ناسبني تماماً. فقد اكتفيت حتماً من أسلوب حياة عازف الروك أند رول. ومع أنّه توفّرت لديّ مادّة كافية من الحيفاض الهومتلئ لكتابة مذكّرات مشوّقة، إلّا أنّني لست متأكّداً من كونها فكرة جيّدة بعد الآن.

شكر

شكراً لكل محبي سلسلة «مذكرات طالب» لأنهم ألهموني وحفّزوني على كتابة هذه الحكايات. شكراً لكل أصحاب المكتبات لأنهم وضعوا كتبي في متناول الأولاد.

شكراً لأفراد عائلتي على كل الحب والدعم. أمتعتني فعلاً مشاركتكم هذه التجربة.

شكراً لكل الزملاء في «منشورات أبرامز» لأنهم عملوا بكدّ لإصدار هذا الكتاب. شكراً خاصاً لرئيس التحرير تشارلي كوشمان، والناشر جايسون ويلز، ومدير التحرير سكوت أويرباش.

شكراً لكل شخص في هوليوود عمل بكدّ لإنجاح شخصية غريغ هيفلي؛ ولاسيما نينا، وبراد، وكارلا، وريلي، وإليزابيت، وثور. وشكراً لكما سيلفي وكيث على مساعدتكما وإرشادكما.

الكاتب

جيف كيني هو أحد المؤلفين الأكثر مبيعاً على لائحة نيويورك تايمز، وقد فاز ست مرات بجائزة الكتاب المفضل للأولاد من نيكلوديون. كما تمت تسمية جيف واحداً من أكثر الشخصيات المئة المؤثرين في العالم على لائحة مجلة تايمز. وهو منشئ موقع بوبتروبيكا Poptropica الذي اختارته مجلة تايم واحداً من أفضل خمسين موقع إنترنت. قضى طفولته في واشنطن، العاصمة، ثم انتقل إلى نيوإنغلند في العام 1995. وهو يعيش حاليًّا مع زوجته وولديه في ماساتشوستس حيث يملكون مكتبة تدعى An Unlikely Story.